간단한
태국어 발음법!
The Alphabet　　　09

초간편 기본회화!
Best Basic Conversation!

- ❶ 대답하는 법!　　　14
- ❷ 인사할 때!　　　16
- ❸ 자기소개!　　　18
- ❹ 부탁할 때!　　　20
- ❺ 감사의 인사!　　　22
- ❻ 날씨, 시간, 요일!　　　24

잠깐!! 태국 여행정보!
태국에 대한 일반적인 상식!　**26**

1. 출발전 준비!　　27

- ❶ 항공권의 예약!　　　30
- ❷ 예약확인/취소/변경　　32
- ✚ 항공권 관련 단어　　34

contents

2. 출국수속! 35

1. 보딩패스! 1.   38
2. 보딩패스! 2.   40
+ 탑승 관련 단어   42

3. 출발! 기내에서 43

1. 기내 입구에서!   46
2. 기내 좌석에서!   48
3. 기내식의 주문!   50
4. 기내에서의 쇼핑!   52
5. 신고서의 작성!   54
6. 경유와 환승시!   56
+ 기내 관련 단어들!   58
+ 태국 입국 상식!   60

4. 목적지 도착! 61

1. 입국심사대에서 1.   64
2. 입국심사대에서 2.   66
3. 수하물 찾기!   68
4. 세관심사!   70
5. 공항 여행안내소   72
+ 입국 관련 단어들!   74

Departure

출국수속 따라잡기!

공항에서의 출국수속은 다음과 같이 진행됩니다.

❶ 공항도착!

❷ 항공사데스크 체크인!

❸ 관광진흥기금권 구입!

❹ 환전!

❺ 비행기 탑승수속!
|세관신고|, |보안검색|, |출국심사

❻ 탑승 게이트로 이동!

❼ 탑승!

5 C.I.Q!
출국장으로 들어가면 ❶ 세관검사, ❷ 보안검색, ❸ 출국심사가 차례로 이어집니다! 계속 앞으로 앞으로!

Step 5

6 탑승게이트로 이동!
탑승권에 표시된 탑승구로 이동합니다. '탑승시간'을 반드시 엄수하여야 합니다!!!

Step 6

✚ **잠깐만요!**
시간적 여유가 있다면 면세점에서 쇼핑을 하셔도 좋겠습니다.

✚ 비행기 출발 30분 전에는 탑승게이트 대기실에 도착해 있어야 합니다!

© Copyright 2003 by Shin Na Ra.

All rights reserved.
No part of this book may be reproduced,
without the written permission of
the copyright owner.

서명 : 주머니속의 여행 태국어
펴낸곳 : 도서출판 신나라
펴낸이 : 남병덕
지은이 : 최은희
편집연구 : Suntari(쑨타리)
　　　　　홍진기, 박화진, 서재양
　　　　　윤인근(푸른세계여행)
개정5쇄 : 2019. 11. 5

등록일 : 1991. 10. 14
등록번호 : 제 2016-344호
주소 : 서울 마포구 독막로28길
　　　63-4 , 304호
전화 : (02) 6735-2100
팩스 : (02) 6735-2103
ISBN : 978-89-7593-079-9

＊ 정가는 표지에 표시!

5. 호텔의 이용! 75

- ❶ 체크인(예약시) 78
- ❷ 체크인(미예약) 80
- ❸ 객실의 이용! 82
- ❹ 룸서비스의 이용! 84
- ❺ 프론트의 이용! 86
- ❻ 호텔식당의 이용! 88
- ❼ 체크아웃! 90
- ❽ 유스호스텔의 이용 92
- ✚ 호텔 관련 단어들! 94
- ✚ 태국식 식사법! 96

6. 식당과 요리! 97

- ❶ 식당을 찾을 때! 100
- ❷ 식당의 예약! 102
- ❸ 식당 미예약시! 104
- ❹ 식사의 주문! 106
- ❺ 식사시의 표현! 108
- ❻ 패스트푸드점 110
- ❼ 식사비의 계산! 112
- ❽ 주점의 이용! 114
- ✚ 식사 관련 단어들! 116

contents 04

7. 쇼핑용 회화! 119

❶ 쇼핑하는 법! 122
❷ 물건값을 낼 때! 124
❸ 백화점 쇼핑! 126
❹ 면세점 쇼핑! 128
❺ 기념품점 쇼핑! 130
❻ 슈퍼마켓 쇼핑! 132
✚ 쇼핑 관련 단어들! 134

8. 우편, 전화, 은행! 135

❶ 우편물 보내기! 138
❷ 소포 보내기! 140
❸ 공중전화 걸기! 142
❹ 전화대화 표현! 144
❺ 국제전화 걸기! 146
❻ 호텔에서의 전화! 148
✚ 우편/전화 관련 단어! 150
❼ 은행의 이용! 152
❽ 잔돈 바꾸기! 154
✚ 은행 관련 단어들! 156

9. 교통수단! 157

- ❶ 철도의 이용! 1. **160**
- ❷ 철도의 이용! 2. **162**
- ❸ 버스의 이용! 1. **164**
- ❹ 버스의 이용! 2. **166**
- ❺ 선박의 이용! **168**
- ❻ 지상철의 이용! **170**
- ❼ 택시의 이용! **172**
- ❽ 렌터카의 이용! **174**
- ✚ 교통수단 관련 단어! **176**

10. 관광하기! 181

- ❶ 관광의 시작! **184**
- ❷ 길 물어보기! 1. **186**
- ❸ 길 물어보기! 2. **188**
- ❹ 기념사진 찍기! **190**
- ✚ 관광 관련 단어! **192**
- ❺ 공연의 관람! 1. **196**
- ❻ 공연의 관람! 2. **198**
- ❼ 나이트 클럽! **200**
- ❽ 스포츠 즐기기! **202**
- ✚ 오락 관련 단어! **204**

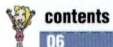
contents 06

11. 사고상황의 대처! 207

❶ 분실사고시! 1. 210 ❷ 분실사고시! 2. 212
❸ 사고의 신고! 214 ❹ 긴급! 간단표현! 216
❺ 병원 치료! 218 ❻ 약국의 처방! 220
✚ 사고상황 관련 단어! 222

12. 귀국 준비! 227

❶ 예약확인! 230
❷ 귀국시 공항에서! 232

[특별 부록]
비지니스 태국어회화! 234

❶ 방문객을 맞을 때! 236 ❷ 인사할 때! 238
❸ 회사를 소개할 때! 240 ❹ 전화 통화시에! 242
❺ 상담할 때! 244 ❻ 계약, 주문할 때! 246

부록: 필수 단어사전! 248

간단한 태국어 발음법!

태국어를 처음 접하시는 독자 여러분을 위해 '세상에서 가장 간단한 태국어 발음법'을 알려드립니다. 쉽게, 편하게, 그리고 간단하게 익혀서 바로 쓰실 수 있습니다! (한국어 발음표기는 편의상 가장 가까운 음으로 표시하겠습니다.)

1) 태국어!

태국어는 태국의 국어입니다. 태국어는 중국남부, 귀주성, 운남성, 광동성 남북부에서부터 광서성까지 사용되고 있는 언어입니다. 태국어의 3분의 2는 차용어로 산쓰크리스트어, 발리어, 캄보디아어, 중국어가 대부분입니다. 태국어는 성조를 가지고 있는 고립어이므로 어형변화가 없고 어근 그대로 쓰이며 문법적 관계는 어휘의 위치에 따라 결정됩니다. 태국어의 문자는 자음 42자, 기본 모음 32자, 성조부호 4자, 기타 부호로 되어있습니다. 태국어는 5가지 성조를 가지고 있습니다.

2) 태국어의 문자

태국어의 자음은 42자이며 중자음, 고자음, 저자음으로 나뉩니다. 기본 모음은 32자이고 단모음과 장모음이 있습니다. 모음은 자음의 상, 하, 좌, 우에 모두 위치할 수 있습니다. 성조부호 4자는 자음이나 모음의 우측 상단에 위치합니다.

간단한 태국어 발음법!

태국어의 자음!

문자	명칭	초자음 음가	종자음 음가
ก	꺼-까이	ㄲ	ㄱ
ข	커-카이	ㅋ	ㄱ
ฃ	커-콰-이	ㅋ	ㄱ
ค	커-콰이	ㅋ	ㄱ
ฅ	커-라캉	ㅋ	ㄱ
ง	응어-응우-	ng	ㅇ
จ	쩌-짜-ㄴ	ㅉ	ㄷ
ฉ	처-칭	ㅊ	-
ช	처-차-ㅇ	ㅊ	ㄷ
ซ	써-쏘-	ㅆ	ㄷ
ฌ	처-츠ㅓ-	ㅊ	-
ญ	여-잉	y	ㄴ
ฎ	더-차다-	ㄷ	ㄷ
ฏ	떠-빠딱	ㄸ	ㄷ
ฐ	터-타-ㄴ	ㅌ	ㄷ
ฑ	터-몬토-	ㅌ	ㄷ
ฒ	터-푸-타오	ㅌ	ㄷ
ณ	너-네-ㄴ	ㄴ	ㄴ
ด	더-덱	ㄷ	ㄷ
ต	떠-따오	ㄸ	ㄷ

태국어는 이렇게 발음됩니다!

ฏ	터-퉁	ㅌ		ㄷ
ฐ	터-타하-ㄴ	ㅌ		ㄷ
ธ	터-퉁	ㅌ		ㄷ
ณ	너-누-	ㄴ		ㄴ
บ	버-바이마이	ㅂ		ㅂ
ป	뻐-쁠라-	ㅃ		ㅂ
ผ	퍼-프ㅇ	ㅍ		-
ฝ	풔-화-	f		-
พ	퍼-파-ㄴ	ㅍ		ㅂ
ฟ	풔-환	f		ㅂ
ภ	퍼-쌈파오	ㅍ		ㅂ
ย	여-약	y		이
ม	머-마-	ㅁ		ㅁ
ร	러-르-아	ㄹ	(r)	ㄴ
ล	러-링	ㄹ	(l)	ㄴ
ว	워-웨-ㄴ	w		우
ศ	써-싸-ㄹ라-	ㅆ		ㄷ
ษ	써-르씨-	ㅆ		ㄷ
ส	써-쓰-아	ㅆ		ㄷ
ห	허-히-ㅂ	ㅎ		-
ฬ	러-쭐라-	ㄹ(l)		ㄴ
อ	어-아-ㅇ	ㅇ		-
ฮ	허-녹후-ㄱ	ㅎ		-

붉은색 글자는 한국어에 발음이 없는 것임!

"여행회화, 기본의 기본입니다! 미리 준비해 두시면 유용하게 자주 쓸 수 있는 표현들입니다!!!"

태국어의 기본 모음

문자에서 '-'는 자음의 위치를 나타냅니다. 음가에서 '-'는 장모음을 나타냅니다.
(붉은색 글자는 한국어에 발음이 없는 것임!)

문자	발음	문자	발음
-ะ	아	-า	아-
-ิ	이	-ี	이-
-ึ	으	-ื	으-
-ุ	우	-ู	우-
เ-ะ	에	เ-	에-
แ-ะ	애	แ-	애-
โ-ะ	오	โ-	오-
เ-าะ	어	-อ	어-
-ัวะ	우어	-ัว	우-어
เ-ียะ	이아	เ-ีย	이-아
เ-ือะ	으아	เ-ือ	으-아
เ-อะ	으어	เ-อ	으어-
ไ-	아이	ใ-	아이
เ-า	아오	-ำ	암
ฤ	르, 리, 러(r)	ฤๅ	르-(r)
ฦ	르(l)	ฦๅ	르-(l)

참고: '으어' 발음은 '으'와 '어'의 중간 음으로 발음합니다.

성조 부호

- ่ (마이에-ㄱ) 1성
- ้ (마이토-) 2성
- ๊ (마이뜨리-) 3성
- ๋ (마이짜ㄷ따와-)4성

태국어에는 5가지 성조가 있습니다.
❶ 평성: 평상시 말의 높이대로 발음   ❷ 1성: 아래로 내려가는 발음
❸ 2성: 올라갔다 내려가는 발음   ❹ 3성: 올라가서 멈추는 발음
❺ 4성: 내려갔다 올라가는 발음

초간편 기본회화!
Best Basic Conversation!

여행 태국어 회화!
기본의 기본을 소개합니다.
6가지 기본 상황별로 정리했습니다!

❶ 대답하는 법!   ❷ 인사할 때!

❸ 자기소개!   ❹ 부탁할 때!

❺ 감사의 인사!   ❻ 날씨, 시간, 요일!

"여행회화, 기본의 기본입니다! 미리 준비해 두시면 유용하게 자주 쓸 수 있는 표현들입니다!!!"

초간편 기본회화!
Best Basic Conversation!

여행 태국어 회화!
기본의 기본을 소개합니다.
6가지 기본 상황별로 정리했습니다!

대답할 때 자주
쓰는 표현들을
공부합니다!

예. (네.)
ครับ(ค่ะ)

크랍(카)

아니오.
ไม่ใช่ครับ(ค่ะ)

마이차이 크랍(카)

알겠습니다.
ทราบครับ(ค่ะ)

싸-ㅂ 크랍(카)

초간편 기본회화!

① 기본회화

❶ 대답하는 법!

맞습니까? / 그렇습니까?
ถูกไหมครับ(คะ)/ใช่ไหมครับ(คะ)
투-ㄱ마이 크랍(카)/차이마이 크랍(카)

맞습니다. / 그렇습니다.
ถูกครับ(ค่ะ)/ใช่ครับ((ค่ะ)
투-ㄱ 크랍(카)/차이 크랍(카)

동의합니다.
เห็นด้วยครับ(ค่ะ)
헨두어이 크랍(카)

반대합니다.
ไม่เห็นด้วยครับ(ค่ะ)
마이헨두어이 크랍(카)

가장 많이 쓰는 대답 표현들입니다.

"여행회화, 기본의 기본입니다! 미리 준비해 두시면 유용하게 자주 쓸 수 있는 표현들입니다!!!"

초간편 기본회화!
Best Basic Conversation!

여행 태국어 회화!
기본의 기본을 소개합니다.
6가지 기본 상황별로 정리했습니다!

다양한 인사법들을 연습해 보겠습니다!

안녕하십니까?
สวัสดีครับ(ค่ะ)
싸와ㄷ디- 크랍(카)

안녕히 주무세요.
ราตรีสวัสดิ์ครับ(ค่ะ)
라-뜨리-싸와ㄷ 크랍(카)

안녕히 계세요. (가세요)
สวัสดีครับ(ค่ะ)
싸와ㄷ디- 크랍(카)

초간편 기본회화!

❷ 인사할 때!

먼저 가겠습니다.
ขอตัวก่อนนะครับ(ค่ะ)
커-뚜어꺼-ㄴ 나크랍(카)

그럼 또 만나요.
พบกันใหม่ครับ(ค่ะ)
폽깐마이 크랍(카)

행운을 빕니다.
โชคดีนะครับ(ค่ะ)
초-ㄱ디-나크랍(카)

즐거운 하루 되세요!
ขอให้มีความสุกครับ(ค่ะ)
커-하이미-콰-ㅁ쑥 크랍(카)

인사할 때는 언제나 웃는 얼굴로 하셔야 해요~!

"여행회화, 기본의 기본입니다! 미리 준비해 두시면 유용하게 자주 쓸 수 있는 표현들입니다!!!"

초간편 기본회화!
Best Basic Conversation!

여행 태국어 회화!
기본의 기본을 소개합니다.
6가지 기본 상황별로 정리했습니다!

자기를 소개할 때 쓸 수 있는 기본 표현들입니다!

안녕하세요.
สวัสดีครับ(ค่ะ)
싸와ㄷ디- 크랍(카)

평안하십니까?
สบายดีหรือครับ(คะ)
싸바-이디- 르-크랍(카)

어떻게 지내십니까?
เป็นอย่างไรบ้างครับ(คะ)
뻬ㄴ 야-ㅇ라이 바-ㅇ 크랍(카)

❸ 자기소개!

저도 잘 지내고 있어요.
ผม(ดิฉัน)ก็สบายดีครับ(ค่ะ)

폼(디찬)꺼 싸바-이디- 크랍(카)

만나서 반갑습니다.
ยินดีที่ได้พบครับ(ค่ะ)

인디- 티- 다이 폽 크랍(카)

나는 한국에서 왔습니다.
ผม(ดิฉัน)มาจากประเทศเกาหลี
ครับ(ค่ะ)

폼(디찬) 마- 짜-ㄱ 쁘라테-ㄷ까올리-
크랍(카)

이 정도로만 설명해도 당신은 이미 성공입니다!

"여행회화, 기본의 기본입니다! 미리 준비해 두시면 유용하게 자주 쓸 수 있는 표현들입니다!!!"

초간편 기본회화!
Best Basic Conversation!

여행 태국어 회화!
기본의 기본을 소개합니다.
6가지 기본 상황별로 정리했습니다!

부탁하실 일이 있으면 주저하지 말고 말씀하세요!

무엇을 도와드릴까요?
มีอะไรให้ช่วยไหมครับ(คะ)

미-아라이 하이 추어이 마이 크랍(카)

좀 도와주세요.
ช่วยหน่อยครับ(ค่ะ)

추어이 너-이 크랍(카)

실례합니다만,
말씀 좀 여쭙겠습니다.
ขอโทษครับ(ค่ะ)

ขอถามอะไรหน่อยครับ(ค่ะ)
커-토-ㄷ크랍(카) 커- 탐-ㅁ 아라이 너-이 크랍(카)

초간편 기본회화!

④ 부탁할 때!

저를 좀 도와 주십시오.
กรุณาช่วยผม(ดิฉัน)หน่อยครับ(ค่ะ)
까루나- 추어이 폼(디찬) 너-이 크랍(카)

물론이지요.
แน่นอนครับ(ค่ะ)
내-너-ㄴ 크랍(카)

좀더 천천히 말씀해 주십시오.
กรุณาพูดช้า ๆ หน่อยครับ(ค่ะ)
까루나- 푸-ㄷ 차-차- 너-이 크랍(카)

도움이 필요하십니까? 이렇게 말씀하십시오~!

"여행회화, 기본의 기본입니다! 미리 준비해 두시면 유용하게 자주 쓸 수 있는 표현들입니다!!!"

초간편 기본회화!
Best Basic Conversation!

여행 태국어 회화!
기본의 기본을 소개합니다.
6가지 기본 상황별로 정리했습니다!

도움을 받았다면
반드시 감사의
인사를 전합니다.

감사합니다.
ขอบคุณครับ(ค่ะ)
커-ㅂ쿤 크랍(카)

정말 고맙습니다.
ขอบคุณมากครับ(ค่ะ)
커-ㅂ쿤 마-ㄱ 크랍(카)

도와 주셔서 감사합니다.
ขอบคุณที่ช่วยเหลือครับ(ค่ะ)
커-ㅂ쿤 티- 추어이 르어 크랍(카)

초 간편 기본회화!

❺ 감사의 인사!

천만에요. / 별 말씀을요.
ไม่เป็นไรครับ(ค่ะ)

마이뻰 ㄴ라이 크랍(카)

초대해 주셔서 감사합니다.
ขอบคุณที่เชิญผม(ดิฉัน)ครับ(ค่ะ)

커-ㅂ쿤 티- 츠ㅓ-ㄴ 폼(디찬) 크랍(카)

필요하시면 또 말씀하세요.
ถ้ามีอะไรให้ช่วยบอกนะครับ(ค่ะ)

타- 미- 아라이 하이추어이 버-ㄱ 나 크랍(카)

감사의 인사, 정중하면 할수록 더욱 좋습니다~!

초간편 기본회화!
Best Basic Conversation!

여행 태국어 회화!
기본의 기본을 소개합니다.
6가지 기본 상황별로 정리했습니다!

날씨와 시간에 대해 이야기 하는 방법들입니다!

김민주 씨 좀 바꿔 주십시오.
ขอพูดกับคิมมินจูครับ(ค่ะ)
커- 푸-ㄷ 깝 김민주 크랍(카)

제가 김민주입니다.
คิมมินจูกำลังพูดค่ะ(ครับ)
김민주 깜랑 푸-ㄷ 크랍(카)

누구신가요?
ใครกำลังพูดครับ(คะ)
크라이 깜랑 푸-ㄷ 크랍(카)

초간편 기본회화!

❻ 날씨|시간|요일

전할 말씀 있으세요?
มีอะไรจะฝากไว้ไหมครับ(คะ)

미- 아라이 짜 화-ㄱ 와이 마이 크랍(카)

편한 시간은 언제입니까?
คุณจะสะดวกเมื่อไรครับ(คะ)

쿤 짜 싸두억 므어라이 크랍(카)

당신이 정하세요.
เชิญคุณเลือกเวลาครับ(ค่ะ)

츠ㅓ-ㄴ쿤르-억 웨-ㄹ라-크랍(카)

이번 주 일요일에 시간 있으세요?
วันอาทิตย์นี้คุณว่างไหมครับ(คะ)

완아-티드니- 쿤 와-ㅇ 마이 크랍(카)

요일과 날짜를 물을 때 쓰는 방법도 기억해 둡니다.

"여행회화, 기본의 기본입니다! 미리 준비해 두시면 유용하게 자주 쓸 수 있는 표현들입니다!!!"

잠깐!!
태국 여행정보!

➕ **태국에 대한 일반적인 상식!**

ⓐ **태국의 정식 명칭 :** Thailand

ⓑ **태국의 인구 :** 약 6천 30만 명

ⓒ **태국의 종교 :** 불교(약 93%에 해당하는 대부분)

ⓓ **태국의 언어 :** 타이어

ⓔ **태국의 화폐 : Baht** (바트)

ⓕ **기타 태국 정보:**

시차 : GMT + 7hrs
 (한국 시간에서 두시간을 빼면 태국의 시간임)

전압 : 220V

1. 출발전 준비!

해외여행에 앞서 반드시 준비되어야 할 것들이 있습니다. 우선 기본적으로 갖추어야 할 것으로 ❶ 여권, ❷ 비자, ❸ 각종 증명서 발급, ❹ 항공권, ❺ 환전 및 여행자 보험 가입, ❻ 여행정보수집 등을 들 수 있습니다.

❶ 여권의 준비!

● **여권의 종류** : 여권은 '대한민국 국민임을 증명하는 증명서' 입니다. 외국에서의 안전을 보장해 주는 신분증이기에 가장 중요한 준비물입니다. 여권의 종류는 관용여권과 일반여권으로 나뉘며, 여행자들이 받게되는 일반여권은 유효기간에 따라 복수여권(5년), 단수여권(1년)으로 나뉩니다. 복수여권은 5년간 사용횟수에 제한이 없기 때문에 일반적으로 많이 신청합니다.

빠르게 찾고 쉽게 말하는 여행회화! 여러분의 여행을 보다 즐겁고 편안하게 만들어 드립니다!!

비자 | 각종 증명서!

● **여권의 신청** : 여권은 시, 구청 여권과에서 발급하며, 보통 2~3일 소요됩니다. (지방 시, 군청은 7~10일 소요) 여권 신청서류는 ⓐ 여권발급 신청서, ⓑ 주민등록등본 1통, ⓒ 주민등록증이나 운전면허증, ⓓ 여권용 사진 2매, ⓔ 병역서류(국외여행허가서), ⓕ 발급비(복수여권:45,000원, 단수여권:15,000원) 등 입니다.

❷ 비자의 준비!

비자(VISA)는 '입국사증', 즉 '입국을 허락하는 증명서'로서 태국대사관에서 받을 수 있읍니다. (서울시 용산구 한남동 653-7 ☎ 02-795-0095)

비자 신청 서류는 ⓐ **여권 (유효기간 6개월 이상의 것)**, ⓑ **비자신청서**, ⓒ **여권사진 1장**, ⓓ **주민등록증 사본**, ⓔ **수수료** 등 입니다.

그러나 태국은 우리나라와 '사증 상호면제협정'이 체결되어 있으므로 단기간의 여행 목적이라면 30일까지는 비자 없이 여권만 있으면 입국이 가능합니다.

❸ 각종 증명서!

ⓐ **국제학생증** : 국제학생여행연맹이 발급하는 전세계 어디에서나 통용되는 학생증입니다. 신청서류는 학생증 사본, 반명함판 사진 1매, 신청서, 수수료이고, 발급장소는 국제학생여행사(☎ 02-733-9494)이며, 발급후 1년간 유효합니다. http://www.isic.co.kr

1. 출발전 준비!

ⓑ **유스호스텔회원증** : 여행자를 위한 숙소인 세계 각국의 유스호스텔을 사용할 수 있는 회원증입니다. 신청서류는 회원신청서 1부이며, 발급장소는 한국유스호스텔연맹 (02-725-3031)이나 각 지방 유스호스텔 연맹에서 신청 가능합니다.
http://www.kyha.or.kr

ⓒ **국제운전면허증** : 여행지에서 직접 운전을 하실 분이라면 반드시 챙겨가야 하는 것이 운전 면허증입니다. 신청은 관할 운전면허시험장에서 하며, 신청서류는 여권, 운전면허증, 주민등록증, 사진1매, 수수료(5,000원)입니다.

✚ 그밖의 여행준비물!

그밖에 필요한 여행준비물들로는 먼저 ⓐ 옷가지(해당지역의 기후에 맞게 2~3벌), 우비 또는 우산, 양말, 속옷(3~4벌)이 필수적이며, 비지니스맨이라면 색상이 다른 와이셔츠와 넥타이 세벌씩은 기본입니다. ⓑ 위생용구(수건, 세면도구, 화장품, 비상약품 - 감기약, 소화제, 정로환, 반창고, 붕대, 파스, 생리용품)가 필요할 것이며, 그리고 ⓒ 작은 배낭, 전대, 맥가이버 칼, 간단한 인스턴트 식품류 2~3일분, 소형 계산기, 카메라, 필름 등을 준비하면 됩니다.

빠르게 찾고 쉽게 말하는 여행회화! 여러분의 여행을 보다 즐겁고 편안하게 만들어 드립니다!!

1 항공권의 예약!

❶ 타이항공입니다. 말씀하십시오.

❷ 태국행 비행기편을 예약을 하고 싶습니다.

❸ 방콕행 항공편을 예약하고 싶습니다.

❹ 언제 떠나실 예정이죠?

❺ 이번 금요일이요.

❻ 파타야까지 왕복 티켓료는 얼마입니까?

❼ 이코노미 클래스(2등석)로 주십시오.

1. 출발전 준비!

❶ สายการบินไทย สวัสดีครับ(ค่ะ) มีอะไรให้รับใช้ครับ(คะ)
싸-이까-ㄴ빈타이 싸와ㄷ디-크랍(카) 미- 아라이 하이 랍 차이 크랍(카)

❷ อยากจะจองตั๋วไปเมืองไทยครับ(ค่ะ)
야-ㄱ 짜 쩌-ㅇ 뚜어 빠이 므-엉타이 크랍(카)

❸ อยากจะจองตั๋วไปกรุงเทพครับ(ค่ะ)
야-ㄱ 짜 쩌-ㅇ 뚜어 빠이 끄룽테-ㅂ 크랍(카)

❹ จะเดินทางเมื่อไรครับ(คะ)
짜 드어-ㄴ타-ㅇ 므어라이 크랍(카)

❺ วันศุกร์นี้ครับ(ค่ะ)
완쑥니- 크랍(카)

❻ ตั๋วไปกลักพัทยาเท่าไรครับ(คะ)
뚜어 빠이 끌랍 파ㄷ타야- 타오라이 크랍(카)

❼ ขอตั๋วชั้นสองครับ(ค่ะ)
커- 뚜어 찬 써-ㅇ 크랍(카)

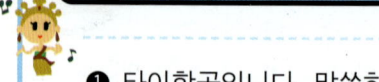

❶ 타이항공입니다. 말씀하십시오.

❷ 항공권 예약 재확인을 하고 싶습니다.

❸ 이 예약을 취소하겠습니다.

❹ 예약을 변경하고 싶습니다.

❺ 성함과 비행기 편수를 말씀해 주십시오.

❻ 제 이름은 김철수입니다.

❼ 저의 항공편 번호는 304입니다.

1. 출발전 준비!

❶ นี่สายการบินไทยครับ(ค่ะ)
니- 싸-이 까-ㄴ빈 타이 크랍(카)

❷ ขอคอนเฟิร์มตั๋วหน่อยครับ(ค่ะ)
커- 커-ㄴ훠-ㅁ 뚜어 너-이 크랍(카)

❸ อยากจะยกเลิกตั๋วที่จองไว้ครับ(ค่ะ)
야-ㄱ짜욕르ㅓ-ㄱ뚜어 티- 쩌-ㅇ와이 크랍(카)

❹ อยากเปลี่ยนแปลงการจองหน่อยครับ(ค่ะ)
야-ㄱ쁠리안쁠래-ㅇ까-ㄴ쩌-ㅇ 너-이 크랍(카)

❺ กรุณาบอกชื่อและหมายเลขเที่ยวบินครับ(ค่ะ)
까루나-버-ㄱ츠- 래마-이레-ㄱ 티여우빈 크랍(카)

❻ ผมชื่อคิมชอลซูครับ
폼 츠- 김철수 크랍(카)

❼ เที่ยวบิน 304ครับ(ค่ะ)
티여우빈 싸-ㅁ 쑤-ㄴ 씨- 크랍(카)

빠르게 찾고 쉽게 말하는 여행회화! 여러분의 여행을 보다 즐겁고 편안하게 만들어 드립니다!!

항공권 관련 단어

여행사	บริษัททัวร์	버리싸ㄷ 투어
항공사	บริษัทสายการบิน	버리싸ㄷ싸-이까-ㄴ빈
항공기	เครื่องบิน	크르엉빈
예약	จองตั๋ว	쩌-ㅇ뚜어
확인	ตรวจ	뚜루얻
재확인	คอนเฟิร์ม	커-ㄴ훠-ㅁ
취소	ยกเลิก	욕르ㅓ-ㄱ
여권	หนังสือเดินทาง(พาสปอร์ต)	낭쓰ㄷㅓ-ㄴ타-ㅇ (파쓰뻐-ㄷ)
항공권	ตั๋วเครื่องบิน	뚜어크르엉빈
탑승구	ประตู	쁘라뚜-
1등석	ชั้นหนึ่ง	찬능
2등석	ชั้นสอง	찬써-ㅇ
항공편명	เที่ยวบิน	티여우빈
비자	วีซ่า	위-싸-
카트	รถเข็น	로ㄷ켄

2. 출국수속!

❶ 출국준비의 순서!

공항에서의 출국수속은 크게 다음과 같이 진행됩니다. 공항에 도착하시면 다음과 같은 순서로 출국수속을 밟으세요.

❶ 병무신고(남자 : 공항병무신고 사무소 3층 A카운터에서 확인필증 교부), ❷ 항공사 체크인(자신이 이용할 항공사 카운터로 이동해서 비행기 좌석번호와 수하물표를 받음), ❸ 관광진흥기금 구입(10,000원, 자동판매기 이용) 및 환전(공항 환전소나 공항내 면세점 구역 환전소 이용), ❹ 출입국신고서 작성(출국심사대 앞에 비치되어 있음), ❺ 비행기 탑승수속, ❻ 세관신고(고가품은 신고필증(**custom stamp**)을 교부

빠르게 찾고 쉽게 말하는 여행회화! 여러분의 여행을 보다 즐겁고 편안하게 만들어 드립니다!!

공항에서의 상식

받도록 함), ❼ 보안검색(금속탐지문 통과), ❽ 출국심사(탑승권, 여권, 출입국신고서를 제출하면 심사관이 확인한 후 날인과 함께 출입국신고서의 한쪽을 절취해 여권에 부착해 줌), ❾ 탑승 게이트로 이동, ❿ 탑승의 순서로 임하시면 되겠습니다.

공항에는 최소한 2~3시간 전에 도착하도록 하며, 비행기 출발 30분 전에는 탑승게이트 대기실에 도착해 있어야 합니다.

❷ 인천국제공항 상식

ⓐ **공항까지의 교통편** : 국제선 이용 승객은 인천국제공항을 이용합니다. 인천국제공항까지는 인천국제공항 전용고속도로(40.2km)를 이용합니다. 서울에서 인천공항까지의 이동 방법으로는 리무진 버스(서울역-인천국제공항간 75분 소요), 택시(60분 소요), 지하철(5호선 방화역, 김포공항에서 리무진 버스로 환승)을 이용하실 수 있습니다. 운송화물을 미리 보낼 경우, 김포 도심 터미널이나 삼성동 서울 도심공항 터미널을 이용하시면 공항 이용료가 할인됩니다.

> 인천국제공항 : **www.airport.or.kr**
> 서울 도심공항터미널 : **www.kcat.co.kr**

ⓑ **공항 면세점** : 출국심사를 마치고 탑승게이트 쪽으로 들어서면 공항 면세점이 중앙에 있습니다. 선물(시계, 화장품, 향수, 민속상품, 기념품)이나 기호품(담배, 술, 초콜릿, 문구류, 필름)을 할인된 가격으로 살 수 있습니다.

2. 출국수속!

❸ 공항에서 할 일!

ⓐ **병무신고** : 만 18세 이상 30세까지의 병역미필자는 인천국제공항 청사 3층에 있는 병무신고소에 거주지 동사무소로부터 발급 받은 신고필증을 제출하고, 확인필증을 교부받으면 됩니다.

ⓑ **항공사 데스크에서의 보딩패스** : 항공사 데스크로 가서 여권, 항공권을 제시하면 비행기내 좌석번호를 받게 됩니다. 그리고 탁송할 화물들을 계근대 위에 올려 놓으면 항공사 직원은 확인 후 수하물표(claim tag)를 가방에 달아 주고, 화물의 인환증을 항공표 뒷면에 붙여 줄 것입니다. 이때 인환증의 갯수와 행선지 표시를 반드시 확인해 만약 화물이 분실되었을 경우를 대비해야 합니다.

ⓒ **출국수속** : 공항이용권을 내고 출국심사장으로 들어 가면 곧바로 세관을 통과하게 되고 출국심사대 앞에 서게 되는데, 이때에 여권, 항공권, 출국신고서를 심사대 직원에게 제출하면 됩니다. 직원은 여권의 유효관계를 확인하고 출국심사확인표를 여권에 붙여 줍니다.

✚ 관광진흥기금 구입과 출입국신고서 작성

'관광진흥기금'은 각 데스크 근처의 자동판매기에서 살 수 있으며 가격은 10,000원입니다. (이것은 출국수속장 입구에 내시면 됩니다) 그리고 출입국신고서는 탑승수속 카운터 앞쪽에 마련된 테이블에 비치되어 있는 출입국신고서(E/D Card) 양식에 작성하면 됩니다. 양식은 한글, 한자, 알파벳으로 작성합니다.

빠르게 찾고 쉽게 말하는 여행회화! 여러분의 여행을 보다 즐겁고 편안하게 만들어 드립니다!!

① 보딩패스! 1.

❶ 비행기표를 보여 주시겠습니까?

❷ 여기 있습니다.

❸ 창가측 좌석을 원합니다.

❹ 네, 여기 있습니다. 좌석번호는 A-20입니다.

❺ KAL카운터로 이 짐을 운반해 주세요.

❻ 짐이 있습니까?

❼ 있습니다. / 없습니다.

2. 출국수속!

❶ ขอดูตั๋วเครื่องบินครับ(คะ)

커- 뚜어크르엉빈 크랍(카)

❷ นี่ครับ(ค่ะ)

니- 크랍(카)

❸ ขอที่นั่งติดหน้าต่างครับ(ค่ะ)

커- 티-낭 띠ㄷ 나-따-ㅇ 크랍(카)

❹ นี่ครับ(ค่ะ) หมายเลขที่นั่ง เอ 20 ครับ(ค่ะ)

니-크랍(카) 마-이레-ㄱ티-낭에- 이-십 크랍(카)

❺ ช่วยขนของนี้ไปที่เคาน์เตอร์สายการบินเกาหลี หน่อยครับ(ค่ะ)

추어이콘커-ㅇ 니-빠이티-카운떠-싸-이까-ㄴ빈까올리- 크랍(카)

❻ มีของ(สัมภระ)ไหมครับ(คะ)

미- 커-ㅇ(쌈파라) 마이 크랍(카)

❼ มีครับ(ค่ะ) / ไม่มีครับ(ค่ะ)

미- 크랍(카)   마이 미- 크랍(카)

빠르게 찾고 쉽게 말하는 여행회화! 여러분의 여행을 보다 즐겁고 편안하게 만들어 드립니다!!

❷ 보딩패스! 2.

❾ 짐은 전부 3개입니다.

❿ 탑승 수속은 어디에서 합니까?

⓫ 5번 게이트는 어딥니까?

⓬ 공항 이용료는 얼마입니까?

⓭ 탑승 시간은 언제입니까?

⓮ 면세점은 어디에 있습니까?

⓯ 저쪽에 있습니다.

2. 출국수속!

❾ มีกระเป๋าทั้งหมดสามใบครับ(ค่ะ)
미- 끄라빠오 탕모ㄷ 싸-ㅁ바이 크랍(카)

❿ เช็คอินขึ้นเครื่องที่ไหนครับ(ค่ะ)
첵인 큰 크르엉 티-나이 크랍(카)

⓫ ประตู5 อยู่ที่ไหนครับ(คะ)
쁘라뚜- 하- 유- 티-나이 크랍(카)

⓬ ค่าภาษีสนามบินเท่าไรครับ(คะ)
카- 파-씨- 싸나-ㅁ빈 타오라이 크랍(카)

⓭ เวลาขึ้นเครื่องกี่โมงครับ(ค่ะ)
웨-ㄹ라- 큰 크르엉 끼-모-ㅇ 크랍(카)

⓮ ร้านปลอดภาษีอยู่ที่ไหนครับ(ค่ะ)
라-ㄴ쁠러-ㄷ파-씨- 유- 티-나이 크랍(카)

⓯ อยู่ทางโน้นครับ(ค่ะ)
유- 타-ㅇ노-ㄴ 크랍(카)

빠르게 찾고 쉽게 말하는 여행회화! 여러분의 여행을 보다 즐겁고 편안하게 만들어 드립니다!!

탑승 관련 단어

탑승절차 관련 단어표현

탑승권	บัตรขึ้นเครื่องบิน	받른크르엉빈
여권	หนังสือเดินทาง	낭쓰-드ㅓ-ㄴ타-ㅇ
항공권	ตั๋วเครื่องบิน	뚜어크르엉빈
공항세	ค่าภาษีสนามบิน	카-파-씨-싸나-ㅁ빈
좌석번호	เลขที่นั่ง	레-ㄱ티-낭
흡연금지	ห้ามสูบบุหรี่	하-ㅁ쑤-ㅂ부리
통로측 좌석	ที่นั่งติดทางเดิน	티-낭띠ㄷ타-ㅇ드ㅓ-ㄴ
항공사 카운터	เคาน์เตอร์สายการบิน	카온뜨ㅓ-싸-이까-ㄴ빈
출국수속	ตรวจคนออกนอกเมือง	뜨루얻콘어-ㄱ너-ㄱ므-엉
입국수속	ตรวจคนออกเข้าเมือง	뜨루얻콘어-ㄱ카오므-엉
출발지	สถานที่ออกเดินทาง	싸타-ㄴ티-어-ㄱ드ㅓ-ㄴ타-ㅇ
도착지	ปลายทาง	쁠라-이타-ㅇ

3. 출발! 기내에서

❶ 기내의 안전수칙!

ⓐ **지정좌석** : 기내에서는 지정된 좌석에 앉아야 합니다. 짐은 머리 위쪽의 선반에 넣습니다. 안전을 위해 무거운 짐은 다리 아래 놓습니다. 승무원의 지시에 따라 이착륙시에는 좌석에 앉고, 반드시 안전벨트를 착용합니다. 좌석상단의 메시지 램프에는 안전고도에서 정상운행 중일지라도 기류에 따라 경고등이 표시되곤 합니다. 이때 **'No Smoking'**은 '금연'을, **'Fasten Seat Belt'**는 '안전벨트를 매시오' 라는 뜻입니다.

ⓑ **좌석의 조정** : 비행기의 좌석은 뒤로 젖힐 수 있게 되어있어 장거리 여행시에는 뒤로 눕혀 잠을 잘 수도 있습니다. 그러나 이착륙시나 식사 때는 의자를 바로 세워 정위치로 만듭

기내에서의 상식!

니다. 눕힐 때는 뒷좌석의 손님에게 양해를 구하거나 천천히 젖히는 것이 바람직합니다. 자리가 불편할 경우 승무원에게 부탁하면 다른 자리로 옮길 수 있습니다.

ⓒ **안전사항** : 비행기 멀미를 하시는 분이라면 좌석 앞주머니에 준비되어 있는 구토용 봉지를 사용하시거나, 호출버튼을 눌러 스튜어디스에게 찬음료나 진정제 등을 부탁할 수 있습니다. 그리고 기내 주요 유의사항으로는 비행기 안전운항에 장애가 될 수 있기 때문에 모든 전자제품의 사용을 금하는 것과 다른 승객에게 불편이 될 수 있기 때문에 기내에서는 금연이라는 것, 그리고 흉기의 기내 반입은 절대 금지되고 있음을 기억해 주십시오.

❷ 기내의 식사!

기내식으로 제공되는 것으로는 식사, 차, 주류 및 청량음료 등이 있습니다. 좌석의 등급별로 식사는 다르게 나오며, 본인이 못 먹는 음식은 피할 수도 있습니다. (채식식단과 육식식단이 함께 준비되기 때문에 선택적으로 주문이 가능합니다.) 기내식은 통상 이륙 후 3~4시간 후에 서비스됩니다. 음료는 식사 때가 아니더라도 필요하면 언제라도 주문이 가능하며, 기내에서는 탄산음료 보다는 물이나 과일 주스류가 좋습니다. 주류는 제한된 양이지만 맥주 한두 캔이나 와인 한두 잔은 무료로 서비스됩니다. 그러나 기내에서의 음주는 기압과 안전을 고려해 평소 주량의 1/3 정도만 드시는 것이 좋습니다.

❸ 기내의 서비스들!

태국까지 항공편으로 갈 경우 소요되는 시간은 약 5시간 30분

3. 출발! -기내에서-

정도입니다. 태국행 기내에서는 좌석의 팔걸이에 장치된 다이얼과 좌석 주머니의 이어폰을 사용하여 영화와 함께 스포츠 방송을 볼 수 있고, 팝송, 컨트리송, 가요, 클래식 등 장르별로 음악을 즐길 수도 있습니다. 영화나 방송의 내용 그리고 음향이나 채널의 안내는 앞에 비치된 안내책자를 참고하십시오. 그밖에 태국의 신문, 잡지 및 트럼프, 바둑 등 오락기구도 구비되어 있어서 필요할 때 승무원에게 요구하시면 됩니다. 이들 오락기구는 대부분 승객들에게 서비스 되는 것들로 기념품으로 가져가도 됩니다. (헤드폰과 담요는 반납해야 함)

❹ 기내의 면세쇼핑!

기내에서는 양주, 담배, 향수, 시계, 화장품, 스카프, 완구 등의 기호품과 선물용품들이 면세된 가격으로 판매됩니다. 세계적으로 유명한 제품들이 선정되어 구비되어 있으며, 주문과 배달도 가능합니다. 쇼핑 품목 및 수량은 태국의 반입 허용량을 고려하여 구입하도록 합니다.

✚ 기내화장실 상식!

기내 화장실은 남녀 공용입니다. 화장실의 현재 사용 상태는 벽면의 표시등으로 표시됩니다. 사용중이면 'Occupied', 비어 있을 때는 'Vacant'라는 표시등에 불이 켜집니다. 화장실로 들어 갈때는 문을 밀어서 열고, 나올 때는 잡아 당겨서 문을 엽니다. 화장실의 사용법은 일반 수세식변기 사용과 같으며, 사용한 휴지는 쓰레기통에 버려야 합니다. 이착륙시 또는 이상 기류로 기체가 흔들릴 때는 'Return to seat'(좌석으로 돌아가라)라는 표시등이 켜지게 됩니다. 이럴 땐 서둘러 자리로 돌아가도록 합니다. 화장실도 금연구역입니다. 반드시 지켜야 합니다.

Toilet

빠르게 찾고 쉽게 말하는 여행회화! 여러분의 여행을 보다 즐겁고 편안하게 만들어 드립니다!!

① 기내 입구에서!

❶ 탑승권을 보여 주시겠습니까?

❷ 여기 있습니다.

❸ 손님 좌석은 30-B입니다.

❹ 고맙습니다.

❺ 제 좌석이 어디입니까?

❻ 좌석 12-D는 어디입니까?

❼ 손님 좌석은 저쪽 통로 쪽입니다.

3. 출발! -기내에서-

❶ ขอดูบัตรขึ้นเครื่องหน่อยครับ(ค่ะ)
커- 두- 밭큰크르엉 너-이 크랍(카)

❷ นี่ครับ(ค่ะ)
니- 크랍(카)

❸ ที่นั่งของท่าน 30-Bครับ(ค่ะ)
티-낭 커-ㅇ 타-ㄴ 싸-ㅁ씹 비 크랍(카)

❹ ขอบคุณครับ(ค่ะ)
커-ㅂ 쿤 크랍(카)

❺ ที่นั่งผม(ดิฉัน)อยู่ที่ไหนครับ(ค่ะ)
티-낭 폼(디찬) 유- 티-나이크랍(카)

❻ ที่นั่ง 12-D อยู่ที่ไหนครับ(ค่ะ)
티-낭 씹써-ㅇ 디- 유- 티-나이크랍(카)

❼ ที่นั่งของท่านอยู่ติดทางเดินโน้นครับ(ค่ะ)
티-낭-커-ㅇ타-ㄴ유-띠ㄷ타-ㅇ드ㅓ-ㄴ노-ㄴ크랍(카)

빠르게 찾고 쉽게 말하는 여행회화! 여러분의 여행을 보다 즐겁고 편안하게 만들어 드립니다!!

❷ 기내 좌석에서!

❶ 자리 좀 바꾸어 주실 수 있습니까?

❷ 네, 뒤쪽에 빈자리가 많이 있습니다.

❸ 통로쪽 자리였으면 좋겠습니다.

❹ 잠깐 지나가도 될까요?

❺ 이 자리에 앉아도 되겠습니까?

❻ 죄송합니다만, 여긴 제자리 같습니다.

❼ 안전띠를 착용해 주십시오.

3. 출발! -기내에서-

❶ ขอเปลี่ยนที่นั่งได้ไหมครับ(ค่ะ)

커- 쁠리안 티-낭 다이 마이 크랍(카)

❷ ครับ(ค่ะ) ด้านหลัง มีที่นั่งว่างครับ(ค่ะ)

크랍(카) 다-ㄴ랑 미- 티-낭 와-ㅇ 크랍(카)

❸ ขอที่นั่งติดทางเดินครับ(ค่ะ)

커- 티-낭 띠ㄷ 타-ㅇ드ㅓ-ㄴ크랍(카)

❹ ขอผ่านหน่อยครับ(ค่ะ)

커- 파-ㄴ 너-이크랍(카)

❺ นั่งที่นี่ได้ไหมครับ(ค่ะ)

낭 티-니- 다이 마이 크랍(카)

❻ ขอโทษครับ(ค่ะ) รู้สึกที่นี่เป็นที่นั่งผม(ดิฉัน)

커-토-ㄷ크랍(카) 루-쓱 티-니-뻰티-낭폼(디찬)

❼ กรุณารัดเข็มขัดนิรภัยครับ(ค่ะ)

까루나- 라ㄷ 켐카ㄷ니라파이 크랍(카)

❸ 기내식의 주문!

❶ 닭고기 또는 쇠고기를 드시겠습니까?

❷ 쇠고기요리로 주세요.

❸ 녹차와 홍차 중 어떤 것을 드릴까요?

❹ 홍차로 주세요.

❺ 물을 좀 주세요.

❻ 오렌지 주스로 주십시오.

❼ 네, 잘 먹었습니다.

3. 출발! -기내에서-

❶ คุณจะรับไก่หรือเนื้อครับ(คะ)

쿤 짜 랍 까이 르- 느-어 크랍(카)

❷ ขอเนื้อครับ(ค่ะ)

커- 느-어 크랍(카)

❸ คุณจะรับชาเขียวหรือชาลิปตันครับ(คะ)

쿤 짜 랍 차-키여우 르- 차-립딴 크랍(카)

❹ ขอชาลิปตันครับ(ค่ะ)

커-차-립딴 크랍(카)

❺ ขอน้ำหน่อยครับ(ค่ะ)

커-남 너-이 크랍(카)

❻ ขอน้ำส้มครับ(ค่ะ)

커-남쏨 크랍(카)

❼ เรียบร้อยแล้วครับ(ค่ะ)

리-압러-이 래-우 크랍(카)

④ 기내에서의 쇼핑!

❶ 기내에서 면세품을 팝니까?

❷ 만년필 있습니까?

❸ 있습니다.

❹ 두 개에 얼마입니까?

❺ 화장품이 있습니까?

❻ 위스키 2병 주세요.

❼ 한국돈으로 지불해도 됩니까?

3. 출발! -기내에서-

❶ ในเครื่องบินขายสินค้าปลอดภาษีไหมครับ
나이크르엉빈카-이씬카-쁠러-ㄷ파-씨-마이크랍(카)

❷ มีปากกาหมึกซึมไหมครับ(คะ)
미- 빠-ㄱ까- 므ㄱ쏨 마이 크랍(카)

❸ มีครับ(ค่ะ)
미- 크랍(카)

❹ สองแท่งเท่าไรครับ(คะ)
써-ㅇ 태-ㅇ 타오라이 크랍(카)

❺ มีเครื่องสำอางไหมครับ(คะ)
미- 크르엉 쌈아-ㅇ 마이 크랍(카)

❻ ขอวิสกี้สองขวดครับ(คะ)
커- 위싸끼- 써-ㅇ쿠얻 크랍(카)

❼ จ่ายเป็นเงินเกาหลีได้ไหมครับ(ค่ะ)
짜-이 뻬ㄴ응으ㅓ-ㄴ까올리- 다이마이크랍(카)

❺ 신고서 작성!

❶ 펜 좀 있습니까?

❷ 그럼요. 여기 있습니다.

❸ 제 입국서 좀 봐주시겠습니까?

❹ 어떻게 기재하는지 가르쳐 주십시오.

❺ 여기에 무엇을 써야 됩니까?

❻ 입국신고서를 한 장 더 얻을 수 있을까요?

❼ 제가 좀 틀리게 썼습니다.

3. 출발! -기내에서-

❶ มีปากกาไหมครับ(คะ)
미- 빠-ㄱ까- 마이 크랍(카)

❷ มี นี่ครับ(ค่ะ)
미- 니- 크랍(카)

❸ ช่วยดูใบกรอกเข้าเมืองของผม(ดิฉัน)ได้ไหมครับ(คะ)
추어이두-바이끄러-ㄱ카오므-엉커-o 폼(디찬)다이마이크랍(카)

❹ ช่วยบอกวิถีกรอกหน่อยครับ(ค่ะ)
추어이 버-ㄱ위티- 끄러-ㄱ 너-이 크랍(카)

❺ ตรงนี้เขียนอะไรครับ(ค่ะ)
뜨롱니- 키-안 아라이 크랍(카)

❻ ขอใบกรอกเข้าเมืองอีกใบครับ(ค่ะ)
커-바이 끄러-ㄱ카오 므-엉 이-ㄱ 바이 크랍(카)

❼ ผม(ดิฉัน)เขียนผิดครับ(ค่ะ)
폼(디찬) 키-안 피ㄷ 크랍(카)

⑥ 경유와 환승시!

❶ 여기에서 얼마나 체류하게 되나요?

❷ 약 1시간 정도입니다.

❸ 당신은 통과 여객이십니까?

❹ 얼마나 기다려야 합니까?

❺ 대합실에 면세점이 있습니까?

❻ 면세점은 어디에 있습니까?

❼ 내가 탈 항공편 확인은 어디에서 합니까?

3. 출발! -기내에서-

❶ จะพักที่นั่นนานเท่าไรครับ(คะ)

 짜 팍 티-난 나-ㄴ 타오라이 크랍(카)

❷ ประมาณหนึ่งชั่วโมงครับ(ค่ะ)

 쁘라마-ㄴ 능추어모-o 크랍(카)

❸ คุณเป็นผู้โดยสารทรานสิทหรือครับ(คะ)

 쿤 뻬ㄴ 푸-도-이싸-ㄴ 트란싣 르- 크랍(카)

❹ ต้องรอนานแค่ไหนครับ(คะ)

 떠-o 러-나-ㄴ 캐-나이 크랍(카)

❺ มีร้านค้าปลอดภาษีอยู่ในห้องพักผู้โดยสารไหม ครับ(คะ)

미-라-ㄴ카-쁠러-ㄷ파-씨-유-나이허-o 팍푸-도-이싸-ㄴ마이 크랍(카)

❻ ร้านค้าปลอดภาษีอยู่ที่ไหนครับ(คะ)

 라-ㄴ카-쁠러-ㄷ파-씨- 유- 티-나이 크랍(카)

❼ เช็คเครื่องบินที่ผม(ดิฉัน)จะขึ้นได้ที่ไหน ครับ(คะ)

 첵크르엉빈티-폼(디찬)짜큰다이 티-나이 크랍(카)

빠르게 찾고 쉽게 말하는 여행회화! 여러분의 여행을 보다 즐겁고 편안하게 만들어 드립니다!!

기내 관련 단어들!

● 기내용 단어표현

기장	กัปตันเครื่องบิน	깝딴크르엉빈
승무원	พนักงานบริการบนเครื่อง	
		파낙응아-ㄴ버-리까-ㄴ본크르엉
여승무원	แอร์โฮสเตส	애-호스떳
산소마스크	หน้ากากออกซิเจน	
		나-까-ㄱ어-ㄱ씨쩨-ㄴ
화물실	ห้องสัมภาระ	허-ㅇ쌈파-라
화장실	ห้องน้ำ	허-ㅇ남
이어폰	หูฟังวิทยุ	후-황위ㄷ타유
멀미주머니	ถุงใส่อาเจียน	퉁싸이아-찌안
구명동의	เสื้อชูชีพ	쓰-어추-치-ㅂ
기내선반	ที่เก็บของ	티-께ㅂ커-ㅇ
담요	ผ้าห่ม	파-홈
안전벨트	เข็มขัดนิรภัย	켐카ㄷ니라파이
금연	ห้ามสูบบุหรี่	하-ㅁ쑤-ㅂ부리-

3. 출발! -기내에서-

○ 기내화장실 안내문구

비어 있음	ว่าง	와-ㅇ
사용중	ไม่ว่าง	마이와-ㅇ
콘센트	ปลั๊กไฟ	쁠락화이
재떨이	ที่เขี่ยบุหรี่	티-키-아부리-
문을 잠그시오	กรุณาล็อกประตู	까루나-럭쁘라뚜
버튼을 누르시오	กรุณากดปุ่ม	까루나-꼬ㄷ뿜
변기물을 내리시오	กรุณากดน้ำด้วย	까루나-꼬ㄷ남두어이

○ 경유 / 환승 관련 단어표현

비행기	เครื่องบิน	크르엉빈
대합실	ห้องพักผู้โดยสาร	허-ㅇ팍푸-도-이싸-ㄴ
입국신청서	แบบกรอกขอเข้าเมือง	배-ㅂ끄러-ㄱ커-카오므-엉

기내 관련 단어들!

입국사증	วีซ่าเข้าเมือง	위-싸-카오므-엉
목적지	จุดหมายปลายทาง	쭈ㄷ마-이쁠라-이타-ㅇ
시차	เวลาที่แตกต่าง	웨-ㄹ라-티-때-ㄱ따-ㅇ
이륙	เครื่องขึ้น	크르엉큰
착륙	เครื่องลงจอด	크르엉롱쩌-ㄷ
국제공항	สนามบินนานาชาติ	싸나-ㅁ빈나-나-차-ㄷ
통과여객	ผู้โดยสารแวะพัก	푸-도이싸-ㄴ왜팍
탑승 수속대	เคาน์เตอร์เช็คอิน	카온뜨ㅓ-첵인
항공시간표	ตารางเวลาเที่ยวบิน	따-라-ㅇ웨-ㄹ라-티-여우빈

4. 목적지 도착!

❶ 입국절차 상식!

목적지의 공항에 도착해서 비행기에서 내리면 곧 입국절차를 밟게 됩니다. 입국절차는 출국과 반대의 순으로 진행됩니다. 즉 ⓐ 공항도착, ⓑ 'Arrival' 이라고 표시된 출구로 나갑니다, ⓒ 입국심사, ⓓ 수하물 찾기, ⓔ 세관검사, ⓕ 입국완료의 순으로 진행됩니다. 좀 더 세부적으로 소개하면 다음과 같습니다.

빠르게 찾고 쉽게 말하는 여행회화! 여러분의 여행을 보다 즐겁고 편안하게 만들어 드립니다!!

입국심사의 모든 것!

❷ 입국심사!

입국심사대(**Immigration**)로 가서 여행자가 심사원에게 여권과 기내에서 미리 작성한 입국 신고서를 제시하면, 심사관리는 여권확인과 함께 스탬프를 찍고 입국카드 확인부분을 여권에 넣어 다시 돌려주게 됩니다. 이렇게 하면 입국심사는 완료됩니다. 보통 입국경위나 체재지, 체재기간 등을 우리나라 사람에게는 묻지 않아 심사절차가 간단하게 마무리 됩니다.

❸ 수하물 찾기!

입국심사를 마치면 '수하물 찾는곳'(**baggage claim area**)으로 갑니다. 찾을 짐이 많으면 짐수레(**cart**)를 준비해 탁송된 짐이 실려 나오는 콘베이어 앞에서 기다립니다. (비슷한 가방이 많기 때문에 이름을 반드시 확인할 것) 국제공항에는 수하물 찾는 곳이 여러 곳이므로, 본인이 이용했던 항공편 표시등 아래로 찾아가야만 착오가 없습니다. 수하물이 나오는 시간은 보통 30분 정도 걸리며, 착륙 비행기가 많을 경우에 1시간 넘게 걸리는 때도 있습니다. 자신의 짐이 발견되면 수하물 인환증(**claim tag**)의 번호와 짐 번호를 확인하도록 하며, 만약 짐이

나오지 않을 경우에는 항공사 직원에게 협조를 구하도록 합니다. 분실신고는 화물도착 후 4시간 이내에 해야 합니다.

4. 목적지 도착! -입국심사-

❹ 세관통관 상식!

짐을 찾으면 마지막 통관문인 세관검사대(**Customs**)로 갑니다. 신고 순서가 되기 전에 모든 짐의 자물쇠를 풀어 세관원이 쉽게 볼 수 있게 하며, 신고할 물건이 없으면 녹색 검사대를 이용하고, 신고할 물건이 있을 경우에는 붉은색 검사대 쪽으로 갑니다. 기내에서 작성한 세관 신고서와 여권을 세관원에게 제시하면 이를 토대로 짐을 조사합니다. 주로 검색하는 품목은 과세 대상품입니다. 그러므로 과세 대상품에 속하는 귀금속, 사치품, 고급 카메라 등은 정확하게 신고해야 합니다. 만약, 과세대상을 신고하지 않으면 압류당하거나 무거운 벌금을 내게 됩니다. 이렇게 하면 태국 입국을 위한 모든 심사과정이 끝이 납니다.

✚ 입국카드 작성법!

입국카드는 기내에서 미리 작성해 두도록 합니다. 입국카드의 작성법은 반드시 볼펜으로 기입하며, 영문 대문자로 씁니다. 기록내용은 **① 성과 이름, ② 생년월일, ③ 성별, ④ 여권번호, ⑤ 국적, ⑥ 태국비자번호, ⑦ 동행 사람 수, ⑧ 항공기 편명, ⑨ 직업(해당란에 표시), ⑩ 태국내 체류지, ⑪ 입국목적, ⑫ 서명** 등을 각각 기입하면 됩니다.

빠르게 찾고 쉽게 말하는 여행회화! 여러분의 여행을 보다 즐겁고 편안하게 만들어 드립니다!!

❶ 입국심사대에서 1.

❶ 입국심사는 어디에서 합니까?

❷ 여권 좀 보여 주시겠습니까?

❸ 검역증명서를 보여주세요.

❹ 방문 목적은 무엇입니까?

❺ 여행 왔습니다.

❻ 사업차 왔습니다.

❼ 친척을 방문하러 왔습니다.

4. 목적지 도착! -입국심사-

❶ ตรวจคนเข้าเมืองตรงไหนครับ(คะ)
 뜨루얼 콘카오므-엉 뜨롱나이 크랍(카)

❷ ขอดูหนังสือเดินทางหน่อยครับ(คะ)
 커- 두- 낭쓰- 드ㅓ-ㄴ타-ㅇ 너-이 크랍(카)

❸ ขอดูใบตรวจโรคครับ(ค่ะ)
 커- 두- 바이 뜨루얼 로-ㄱ 크랍(카)

❹ มาเมืองไทยทำไมครับ(คะ)
 마- 므-엉타이 탐마이 크랍(카)

❺ มาท่องเที่ยวครับ(ค่ะ)
 마- 터-ㅇ티-여우 크랍(카)

❻ มาเรื่องธุรกิจครับ(ค่ะ)
 마- 르-엉 투라끼ㄷ 크랍(카)

❼ มาเยี่ยมญาติครับ(ค่ะ)
 마- 이-얌 야-ㄷ 크랍(카)

❷ 입국심사대에서 2.

❽ 며칠 동안 체류하십니까?

❾ 2주일 정도입니다.

❿ 어디에 가십니까?

⓫ 방콕입니다.

⓬ 방콕 어디에서 머무르실 겁니까?

⓭ 랜드마크 호텔에 머물 예정입니다.

⓮ 돌아갈 항공권을 갖고 계십니까?

4. 목적지 도착! -입국심사-

❽ จะพักกี่วันครับ(คะ)

짜 팍 끼-완 크랍(카)

❾ ประมาณสองอาทิตย์ครับ(ค่ะ)

쁘라마-ㄴ 써-ㅇ아-티ㄷ 크랍(카)

❿ ไปที่ไหนครับ(คะ)

빠이 티-나이 크랍(카)

⓫ กรุงเทพ

끄룽테-ㅂ

⓬ ในกรุงเทพ จะพักที่ไหนครับ(คะ)

나이 끄룽테-ㅂ 짜 팍 티-나이 크랍(카)

⓭ โรงแรมแลนด์มาร์คครับ(ค่ะ)

로-ㅇ래-ㅁ 랜마-ㄱ 크랍(카)

⓮ มีตั๋วเครื่องบินขากลับไหมครับ(คะ)

미- 뚜어 크르엉빈 카-끌랍 마이 크랍(카)

❸ 수하물 찾기!

❶ 수하물 찾는 곳은 어디입니까?

❷ 수하물 찾는 곳은 저쪽입니다.

❸ 갈색가방이 제 것입니다.

❹ 나머지 가방을 찾을 수가 없습니다.

❺ 실례합니다만, 제 가방을 찾을 수 없습니다.

❻ 제 짐을 찾을 수 있게 도와주세요.

❼ 그러죠. 수하물 인환증 가지고 계시죠?

4. 목적지 도착! -입국심사-

❶ รับของ(กระเป๋า)ที่ไหนครับ(คะ)
랍 커-ㅇ(끄라빠오) 티-나이 크랍(카)

❷ รับของทางโน้นครับ(ค่ะ)
랍 커-ㅇ 타-ㅇ노-ㄴ 크랍(카)

❸ กระเป๋าสีน้ำตาลเป็นของผม(ดิฉัน)ครับ(ค่ะ)
끄라빠오씨-남따-ㄴ 뻬ㄴ커-ㅇ 폼(디찬)크랍(카)

❹ หากระเป๋าใบอื่นยังไม่เจอครับ(ค่ะ)
하- 끄라빠오 바이으-ㄴ 양 마이쯔ㅓ- 크랍(카)

❺ ขอโทษ ผม(ดิฉัน)หากระเป๋าไม่เจอครับ(ค่ะ)
커-토-ㄷ 폼(디찬)하-끄라빠오마이쯔ㅓ-크랍(카)

❻ ช่วยหากระเป๋าผม(ดิฉัน)หน่อยครับ(ค่ะ)
추어이 하- 끄라빠오폼(디찬) 너-이 크랍(카)

❼ คุณมีบัตรสัมภาระอยู่หรือเปล่าครับ(คะ)
쿤 미- 받쌈파-라 유- 르-쁠라오 크랍(카)

④ 세관심사!

❶ 신고하실 것이 있습니까?

❷ 없습니다.

❸ 친구에게 줄 시계가 있습니다.

❹ 위스키 두 병을 갖고 있습니다.

❺ 이것들은 모두 개인 소지품입니다.

❻ 이 카메라는 내가 사용하는 것입니다.

❼ 이 가방 좀 열어 주시겠습니까?

4. 목적지 도착! -입국심사-

❶ **มีของต้องแจ้งไหมครับ(คะ)**
미- 커-ㅇ 떠-ㅇ 째-ㅇ 마이 크랍(카)

❷ **ไม่มีครับ(ค่ะ)**
마이 미- 크랍(카)

❸ **มีนาฬิกาที่จะให้เพื่อนครับ(ค่ะ)**
미- 나-ㄹ리까- 티- 짜 하이 프-언 크랍(카)

❹ **มีวิสกี้ สองขวดครับ(ค่ะ)**
미- 위싸끼- 써-ㅇ쿠얻 크랍(카)

❺ **ของเหล่านี้เป็นของใช้ส่วนตัวครับ(ค่ะ)**
커-ㅇ 라오니- 뻬ㄴ 커-ㅇ차이쑤언뚜어 크랍(카)

❻ **กล้องนี้เป็นของผม(ดิฉัน)ครับ(ค่ะ)**
끌러-ㅇ니- 뻬ㄴ 커-ㅇ폼(디찬) 크랍(카)

❼ **กรุณาเปิดกระเป๋าหน่อยครับ(คะ)**
까루나- 쁘ㅓ-ㄷ 끄라빠오 너-이 크랍(카)

⑤ 공항 여행안내소

❶ 유스호스텔이 있습니까?

❷ 방을 예약하고 싶습니다.

❸ 근처에 다른 호텔이 있습니까?

❹ 5성급 호텔에 묵고 싶습니다.

❺ 호텔까지 어떻게 갑니까?

❻ 시내로 가는 버스가 있습니까?

❼ 버스 정류장은 어디 있습니까?

4. 목적지 도착! -입국심사-

❶ มีที่พักเยาวชนไหมครับ(คะ)
미-티-팍 야오와촌 마이 크랍(카)

❷ อยากจองห้องครับ(ค่ะ)
야-ㄱ 쩌-ㅇ 허-ㅇ 크랍(카)

❸ แถวนี้มีโรงแรมอื่นไหมครับ(ค่ะ)
태-우 니- 미- 로-ㅇ래-ㅁ 으-ㄴ 마이 크랍(카)

❹ อยากพักโรงแรมระดับ5 ดาวครับ(ค่ะ)
야-ㄱ 팍 로-ㅇ래-ㅁ 라답 하-다-우 크랍(카)

❺ ไปโรงแรมอย่างไรครับ(คะ)
빠이 로-ㅇ래-ㅁ 야-ㅇ라이 크랍(카)

❻ มีรถเมล์ไปในเมืองไหมครับ(คะ)
미- 로ㄷ메- 빠이 나이 므-엉 마이 크랍(카)

❼ ป้ายรถเมล์อยู่ที่ไหนครับ(คะ)
빠-이 로ㄷ메- 유- 티-나이 크랍(카)

입국 관련 단어들!

➡ 입국 관련 단어표현

여행자	นักท่องเที่ยว	낙터-ㅇ티-여우
관광	การท่องเที่ยว	까-ㄴ터-ㅇ티-여우
사업	ธุรกิจ	투라끼ㄷ
연수	ทัศนศึกษา	타ㄷ싸나쓱싸-
회의	ประชุม	쁘라춤
안내소	แผนกติดต่อสอบถาม	파내-ㄱ띠ㄷ떠-써-ㅂ타-ㅁ
짐수레	รถเข็นสัมภาระ	로ㄷ켄쌈파-라
신고하다	แจ้ง	째-ㅇ
일용품	ของใช้	커-ㅇ차이
개인용품	ของใช้ส่วนตัว	커-ㅇ차이쑤언뚜어
선물	ของขวัญ	커-ㅇ콴
약	ยา	야-
반입금지	ห้ามเข้า	하-ㅁ카오
면세품	ของปลอดภาษี	커-ㅇ쁠러-ㄷ파-씨-

5. 호텔의 이용!

❶ 호텔의 예약!

요즘은 대부분 출발전 한국에서 호텔예약을 하거나 본인이 직접 인터넷으로 예약을 합니다. 때문에 호텔예약 확인증(바우처)을 받아서 가지고 나가면 숙소 문제는 미리 해결하고 갈 수 있습니다. 한국에서 호텔을 미리 예약할 경우, 현지 요금의 80~85% 정도로 저렴합니다. 특히 3~9월의 비수기에는 대폭적인 할인 혜택을 받을 수 있습니다. (대부분의 여행사나 인터넷 사이트를 이용하면 쉽게 찾을 수 있습니다.)

태국 현지의 호텔을 정할 때 가장 중요한 사항은 교통이 편리한지, 식사가 제공되는지, 가격은 적당한지를 알아봐야 합

빠르게 찾고 쉽게 말하는 여행회화! 여러분의 여행을 보다 즐겁고 편안하게 만들어 드립니다!!

호텔은 이렇게 이용!

니다. 예약시에는 원하는 방의 종류, 도착일, 숙박일수, 항공편 등을 알려 주어야 하며, 현지에서 예약할 경우는 직접 전화를 하거나 여행 안내소에 예약을 부탁하면 됩니다.

❷ 태국의 숙박 시설!

태국의 숙박시설은 크게 호텔(Hotel), 여사(旅舍), 게스트하우스, 유스호스텔, YMCA YWCA가 있습니다.

호텔(Hotel)은 비즈니스급에서 최고급에 이르기까지 다양하며 최고급 호텔의 요금은 3,000B 이상이며 중급 수준의 보통 호텔은 500~1,000B 정도면 이용할 수 있습니다.

여사(旅舍)는 중국계인이 경영하는 지방 호텔로서 화장실과 샤워실을 공동으로 사용해야 하며 방안에는 침대와 환풍기 정도만이 있어서 더운 여름에 이 곳에서의 숙박은 그다지 쾌적하지 않습니다. 또 도난 사고가 자주 발생하므로 주의하여야 하겠습니다.
게스트하우스는 여행객만을 위한 숙박 시설로 간단한 식사도 먹을 수 있고 세계 각지에서 온 사람들과 여행 정보도 나눌 수 있는 잇점이 있습니다. 화장실과 샤워실은 여사와 마찬가지로 공동 사용입니다. **유스호스텔**은 태국 전역에 걸쳐서 11개가 있으며 요금은 35B~500B까지로 매우 저렴합니다. 침실은 싱글, 더블, 도미토리의 세 종류가 있습니다.
YMCA YWCA는 방콕과 치앙마이에만 있는 숙박 시설로 요금은 100B~1,200B로 다양합니다.

● 태국의 숙박 시설 이용시 유의할 점
고급 호텔이 아닌 경우라면 숙소를 정하기 전에 방을 먼저 살펴 보도록 합니다. 가격이 같은 방이라도 좋은 방과 나쁜 방이 있으며 심지어는 열쇠가 없는 방도 있으므로 주의하여야 합니다.

5. 호텔의 이용!

❸ 체크인!

체크인(**check in** : 숙박절차)은 프론트 데스크에서 합니다. 예약이 되어 있을 경우는 이름을 말하시고 예약확인서(바우처)를 제시하면 직원은 예약리스트 또는 예약카드를 조회한 후, 숙박신고서 기재를 요구할 것입니다. 숙박신고서에는 여권번호, 비자번호, 성명 등을 기입하도록 되어 있습니다. 체크인은 정오가 지나면 언제나 가능합니다.

❹ 체크아웃!

호텔의 숙박료는 하루, 즉 24시간 단위로 받습니다. 통상 정오에서 다음날 정오까지를 일박으로 계산하며, 이때가 이른바 체크아웃 타임(**check-out time**)입니다. 그 이상 호텔에 머물게 되면 숙박요금을 더 물게 됩니다. 요금을 지불하는 방식으로는 ⓐ 크레디트 카드와 ⓑ 현금으로 지불하는 방법 두 가지가 있습니다. 호텔계산서에는 숙박한 일수, 룸서비스를 이용해 드신 것의 요금, 식사대(호텔의 레스토랑 또는 바에서 사인한 청구서 등), 호텔에서 외부에 건 전화요금, 세탁료, 객실 냉장고에서 꺼내 마신 음료수 값 등이 계산됩니다.

✚ Safety Box 이용 상식!

최근 태국내 호텔의 Safety Box의 도난 사고가 빈번히 일어나고 있으며 도난 당한 물건의 내용을 증명할 수 없을 경우에는 호텔측에서도 책임을 지지 않으려 하므로 될 수 있는데로 귀중품은 본인이 직접 잘 간수하는 편이 안전하겠습니다.

빠르게 찾고 쉽게 말하는 여행회화! 여러분의 여행을 보다 즐겁고 편안하게 만들어 드립니다!!

① 체크인(예약시)

❶ 제 짐을 방까지 날라다 주세요.

❷ 프론트 데스크는 어딥니까?

❸ 제 이름은 이민수입니다.

❹ 저는 예약을 했습니다.

❺ 숙박부를 기재해 주십시오.

❻ 현금으로 지불하시겠습니까?

❼ 비자카드를 사용하겠습니다.

5. 호텔의 이용!

❶ ช่วยขนกระเป๋าผม(ดิฉัน)ไปที่ห้องหน่อย
추어이콘끄라빠오폼(디찬)빠이티-허-ㅇ너-이

❷ แผนกติดต่อสอบถามอยู่ที่ไหนครับ(คะ)
파내-ㄱ띠ㄷ떠-써-ㅂ타-ㅁ 유- 티-나이 크랍(카)

❸ ผม(ดิฉัน)ชื่อลีมินซูครับ(ค่ะ)
폼(디찬)츠- 리민수 크랍(카)

❹ ผม(ดิฉัน)ได้จองไว้แล้วครับ(ค่ะ)
폼(디찬) 다이 쩌-ㅇ 와이 래-우 크랍(카)

❺ กรุณากรอกแบบฟอร์มห้องพักหน่อยครับ(ค่ะ)
까루나-끄러-ㄱ배-ㅂ훠-ㅁ허-ㅇ팍 너-이 크랍(카)

❻ จะชำระเป็นเงินสดหรือครับ(คะ)
짜 참라 뻬ㄴ 응으ㅓ-ㄴ쏟 르- 크랍(카)

❼ จะชำระด้วยบัตรเครดิตวีซ่าครับ(ค่ะ)
짜 참라 두어이 받크레딛위-싸- 크랍(카)

빠르게 찾고 쉽게 말하는 여행회화! 여러분의 여행을 보다 즐겁고 편안하게 만들어 드립니다!!

❷ 체크인(미예약)

❶ 빈방이 있습니까?

❷ 예약을 못 했습니다.

❸ 다른 호텔을 추천해주십시오.

❹ 더블룸으로 드릴까요, 싱글룸으로 드릴까요?

❺ 싱글룸을 부탁합니다.

❻ 일주일 동안 묵을 생각입니다.

❼ 욕실(샤워실)이 있는 방을 원합니다.

5. 호텔의 이용!

❶ มีห้องว่างไหมครับ(คะ)

미- 허-ㅇ 와-ㅇ 마이 크랍(카)

❷ ไม่ได้จองไว้ครับ(ค่ะ)

마이 다이 쩌-ㅇ 와이 크랍(카)

❸ ช่วยแนะนำโรงแรมอื่นให้หน่อยครับ(ค่ะ)

추어이내남 로-ㅇ래-ㅁ으-ㄴ 하이 너-이 크랍(카)

❹ ห้องเดี่ยวหรือห้องคู่ครับ(ค่ะ)

허-ㅇ디여우 르- 허-ㅇ쿠- 크랍(카)

❺ ขอห้องเดี่ยวครับ(ค่ะ)

커- 허-ㅇ디여우 크랍(카)

❻ จะพักหนึ่งอาทิตย์ครับ(ค่ะ)

짜 팍 능아-티ㄷ 크랍(카)

❼ ขอห้องที่มีห้องน้ำในตัวครับ(ค่ะ)

커- 허-ㅇ티-미-허-ㅇ남 나이뚜어 크랍(카)

❸ 객실의 이용!

❽ 싸고 깨끗한 방을 부탁합니다.

❾ 1박에 얼마입니까?

❿ 아침 식사가 포함되어 있습니까?

⓫ 세금과 봉사료가 포함되어 있습니까?

⓬ 더 싼방은 없습니까?

⓭ 체크아웃은 언제 해야합니까?

⓮ 이 방으로 하겠습니다.

5. 호텔의 이용!

❽ ขอห้องสะอาดและราคาถูกครับ(ค่ะ)

커- 허-ㅇ 싸아-ㄷ 래 라-카- 투-ㄱ 크랍(카)

❾ คืนละเท่าไรครับ(ค่ะ)

크-ㄴ라 타오라이 크랍(카)

❿ รวมอาหารเช้าด้วยไหมครับ(คะ)

루엄 아-하-ㄴ차오 두어이 마이 크랍(카)

⓫ รวมภาษีและค่าบริการด้วยไหมครับ(คะ)

루엄파-씨-래카-버-리까-ㄴ두어이마이 크랍(카)

⓬ มีห้องถูกกว่านี้ไหมครับ(ค่ะ)

미- 허-ㅇ투-ㄱ 꽈- 니- 마이 크랍(카)

⓭ ต้องเช็คเอ๊าท์เมื่อไรครับ(ค่ะ)

떠-ㅇ 첵아우ㄷ 므어라이 크랍(카)

⓮ จะเอาห้องนี้ครับ(ค่ะ)

짜 아오 허-ㅇ니- 크랍(카)

④ 룸서비스의 이용!

❶ 룸서비스는 어떻게 부릅니까?

❷ 룸서비스 부탁합니다.

❸ 방 번호를 가르쳐 주십시오.

❹ 여긴 305호실입니다.

❺ 7시 30분에 모닝콜 좀 부탁드릴게요.

❻ 주문한 아침식사가 아직도 오지 않았습니다.

❼ 얼음과 생수를 좀 가져다 주십시오.

5. 호텔의 이용!

❶ เรียกรูมเซอร์วิสอย่างไรครับ(คะ)
리-악 룸써위스 야-ㅇ라이 크랍(카)

❷ ต่อแผนกรูมเซอร์วิสให้หน่อยครับ(ค่ะ)
떠- 파내-ㄱ룸써위스 하이 너-이 크랍(카)

❸ กรุณาบอกเบอร์ห้องหน่อยครับ(ค่ะ)
까루나 버-ㄱ 브ㅓ- 허-ㅇ 너-이 크랍(카)

❹ ห้อง305 ครับ(ค่ะ)
허-ㅇ 싸-ㅁ 쑤-ㄴ 하- 크랍(카)

❺ ช่วยโทรปลุก 7โมงครึ่งด้วยครับ(ค่ะ)
추어이 토- 쁠룩 쩨ㄷ모-ㅇ크릉 두어이 크랍(카)

❻ อาหารที่สั่งยังไม่มาครับ(ค่ะ)
아-하-ㄴ 티-쌍 양마이마- 크랍(카)

❼ เอาน้ำเปล่าและน้ำแข็งมาให้หน่อยครับ(ค่ะ)
아오 남쁠라오 래 남캐-ㅇ 마-하이너-이 크랍(카)

⑤ 프론트의 이용!

❶ 방을 바꾸고 싶습니다.

❷ 이 방은 너무 시끄럽습니다.

❸ 귀중품을 맡아 주시겠습니까?

❹ 이 짐을 좀 보관해 주시겠습니까?

❺ 315호실에 숙박하고 있습니다.

❻ 제 짐을 찾고 싶습니다.

❼ 제게 온 편지는 없습니까?

5. 호텔의 이용!

❶ อยากเปลี่ยนห้องครับ(ค่ะ)

야-ㄱ 쁠리안 허-ㅇ 크랍(카)

❷ ห้องนี้เสียงดังมากครับ(ค่ะ)

허-ㅇ니- 씨-앙 당 마-ㄱ 크랍(카)

❸ ฝากของไว้ในตู้เซฟได้ไหมครับ(คะ)

화-ㄱ커-ㅇ 와이나이뚜-쎄입다이마이 크랍(카)

❹ ฝากกระเป๋าใบนี้ได้ไหมครับ(คะ)

화-ㄱ 끄라빠오 바이니- 다이 마이 크랍(카)

❺ ตอนนี้พักอยู่ห้อง 315ครับ(ค่ะ)

떠-ㄴ니- 팍 유- 허-ㅇ싸-ㅁ 능 하- 크랍(카)

❻ อยากได้ของคืนครับ(ค่ะ)

야-ㄱ 다이 커-ㅇ 크-ㄴ 크랍(카)

❼ มีจดหมายถึงผม(ดิฉัน)ไหมครับ(คะ)

미- 쪼ㄷ마-이 트ㅇ 폼(디찬) 마이 크랍(카)

❻ 호텔식당의 이용!

❶ 식당은 몇 층에 있습니까?

❷ 무엇을 주문하시겠습니까?

❸ 아침은 양식으로 주십시오.

❹ 계란 후라이와 베이컨을 주세요.

❺ 호텔 안에 한국식당이 있습니까?

❻ 물 좀 주시겠습니까?

❼ 계산서를 주시겠습니까?

5. 호텔의 이용!

❶ ร้านอาหารอยู่ชั้นไหนครับ(คะ)
라-ㄴ 아-하-ㄴ 유- 찬나이 크랍(카)

❷ จะรับประทานอะไรครับ(คะ)
짜 랍쁘라타-ㄴ 아라이 크랍(카)

❸ สำหรับอาหารเช้า ขออาหารฝรั่งครับ(ค่ะ)
쌈랍 아-하-ㄴ차오 커-아-하-ㄴ화랑크랍(카)

❹ ขอไข่ทอดกับเบคอนครับ(ค่ะ)
커- 카이터-ㄷ 깝 베커-ㄴ 크랍(카)

❺ ในโรงแรมนี้มีร้านอาหารเกาหลีไหมครับ(คะ)
나이로-ㅇ래-ㅁ니-미-라-ㄴ아-하-ㄴ까올리-마이 크랍(카)

❻ ขอน้ำหน่อยครับ(คะ)
커- 남 너-이 크랍(카)

❼ เช็คบิลครับ(คะ)
첵빈 크랍(카)

7 체크아웃!

❶ 내일 아침 일찍 체크아웃하겠습니다.

❷ 오늘밤에 계산하겠습니다.

❸ 제 짐을 로비까지 내려주세요.

❹ 지금 체크아웃하고 싶습니다.

❺ 모두 얼마입니까?

❻ 537호의 김진수입니다.

❼ 잘 지냈습니다.

5. 호텔의 이용!

❶ จะเช็คเอาท์พรุ่งนี้เช้าครับ(ค่ะ)

짜 첵아우ㄷ 프룽니- 차오 크랍(카)

❷ จะชำระเงินคืนนี้ครับ(ค่ะ)

짜 참라 응어-ㄴ 크-ㄴ니- 크랍(카)

❸ เอาสัมภาระผม(ดิฉัน)มาให้ที่ล๊อบบี้หน่อย

아오 쌈파-라폼(디찬)마-하이티- 럽비-너-이

❹ อยากจะเช็คเอาท์ตอนนี้ครับ(ค่ะ)

야-ㄱ 짜 첵아우ㄷ 떠-ㄴ니- 크랍(카)

❺ ทั้งหมดเท่าไรครับ(คะ)

탕모ㄷ 타오라이 크랍(카)

❻ ผม(ดิฉัน)คิมจินซู ห้อง537ครับ(ค่ะ)

폼(디찬)김진수 허-ㅇ 하- 싸-ㅁ 쩨ㄷ 크랍(카)

❼ พักสบายมากครับ(ค่ะ)

팍 싸바-이 마-ㄱ 크랍(카)

⑧ 유스호스텔의 이용!

❶ 유스호스텔에 어떻게 갑니까?

❷ 걸어서 얼마나 걸립니까?

❸ 몇 번 버스를 타야합니까?

❹ 여기서 오늘 밤 묵을 수 있습니까?

❺ 오늘 밤 다인실이 있습니까?

❻ 1박에 얼마입니까?

❼ 3일간 머무르고 싶습니다.

5. 호텔의 이용!

❶ ไปที่พักเยาวชนอย่างไรครับ(คะ)

빠이 티- 팍 야오와촌 야-ㅇ라이 크랍(카)

❷ เดินไปนานเท่าไรครับ(คะ)

드ㅓ-ㄴ 빠이 나-ㄴ 타오라이 크랍(카)

❸ ต้องขึ้นรถเมล์สายอะไรครับ(คะ)

떠-ㅇ 큰 로ㄷ메- 싸-이 아라이 크랍(카)

❹ คืนนี้พักที่นี่ได้ไหมครับ(คะ)

크-ㄴ니- 팍 티-니- 다이 마이 크랍(카)

❺ ห้องที่พักได้หลายคนมีไหมครับ(คะ)

허-ㅇ티- 팍다이라-이콘 미-마이 크랍(카)

❻ คืนละเท่าไรครับ(คะ)

크-ㄴ라 타오라이 크랍(카)

❼ อยากจะพักสักสามวันครับ(คะ)

야-ㄱ 짜 팍 싹싸-ㅁ완 크랍(카)

🏥 호텔 관련 단어들!

➡ 호텔 관련 단어표현

호텔	โรงแรม	로-ㅇ래-ㅁ
프론트 데스크	แผนกติดต่อสอบถาม	
	파내-ㄱ띠ㄷ떠-써-ㅂ타-ㅁ	
지배인	ผู้จัดการ	푸-짜ㄷ까-ㄴ
회계원	เจ้าหน้าที่บัญชี	짜오나-티-반치-
손님	แขก	캐-ㄱ
관광지	สถานที่ท่องเที่ยว	싸타-ㄴ티-터-ㅇ티여우
숙박카드	แบบฟอร์มห้องพัก	배-ㅂ훠-ㅂ허-ㅇ팍
싱글룸	ห้องเดี่ยว	허-ㅇ디여우
트윈룸	ห้องคู่	허-ㅇ쿠-
냉방기	เครื่องปรับอากาศ	크르엉쁘랍아까-ㄷ
명세서	ใบรายการรายละเอียด	
	바이라-이까-ㄴ라이라이-아ㄷ	
영수증	ใบเสร็จ	바이쎄ㄷ
귀중품	ของมีค่า	커-ㅇ미-카-

94

5. 호텔의 이용!

메모판	บอร์ดเมโม	버-ㄷ메-모-
조용한 방	ห้องที่เงียบ	허-ㅇ티-응이압
전망 좋은 방	ห้องที่วิวสวย	허-ㅇ티-위우쑤어이

● 객실 관련 단어표현

욕실	ห้องน้ำ	허-ㅇ남
욕조	อ่างน้ำ	아-ㅇ남
샤워	อาบน้ำ	아-ㅂ남
목욕타월	ผ้าเช็ดตัว	파체ㄷ뚜어
수건	ผ้าเช็ดหน้า	파-체ㄷ나-
화장실	ห้องน้ำ	허-ㅇ남
휴지	กระดาษทิชชู	끄라다-ㄷ팃추-
비상구	ทางออกฉุกเฉิน	타-ㅇ어-ㄱ축츠ㅓ-ㄴ
복도	ทางเดิน	타-ㅇ드ㅓ-ㄴ
1층	ชั้นหนึ่ง	찬능

✚ 호텔 관련 단어들!

2층	ชั้นสอง	찬써-o
엘리베이터	ลิฟต์	립
층계	บันได	반다이
로비	ล็อบบี้	럽비-
행사장	ห้องจัดงาน	허-o짜ㄷ응아-ㄴ
식당	ร้านอาหาร	라-ㄴ아-하-ㄴ
커피숍	ร้านกาแฟ	라-ㄴ까-퀘-

✚ 태국식 식사법!

태국인의 식단은 우리처럼 쌀과 반찬으로 이루어져 있습니다. 그러나 우리가 식사를 할 때 젓가락과 숟가락을 사용하는 것과는 달리 기본적으로 밥 종류는 숟가락과 포크를 사용해서 먹습니다. 젓가락과 숟가락을 사용하는 경우는 국물이 있는 국수를 먹을 때 뿐이며 그나마 보통 가정에서는 숟가락 하나만으로 밥이며 죽, 국수류 등을 먹을 때 불편없이 사용하고 있습니다. 따라서 태국에서는 고급 레스토랑에서 대중식당에 이르기까지 숟가락과 포크를 사용하여 음식을 먹는 것이 일반화 되어 있습니다.

6. 식당과 요리!

❶ 태국의 음식문화!

태국 음식은 쌀과 반찬으로 이루어지는데 쌀은 맵쌀과 찹쌀 두 종류를 모두 먹습니다. '카오짜오'라 불이는 맵쌀은 주로 중 남부에서, 찹쌀인 '카오니여우'는 북부와 동북부에서 밥으로 먹습니다. 또 쌀로서 만든 국수 요리도 많이 먹는데 주로 맵쌀을 사용해서 만듭니다. 태국 요리의 특징중에 하나인 매운 맛은 '프릭키누'라는 작은 고추를 사용하기 때문인데 이외에도 마늘, 생강, 타메릭, 난큐, 레몬그라스 등의 향신료들이 태국 음식의 독특한 맛을 결정하는 중요한 요소입니다.

빠르게 찾고 쉽게 말하는 여행회화! 여러분의 여행을 보다 즐겁고 편안하게 만들어 드립니다!!

주문과 식사법!

- **레스토랑** : 각 나라의 여러가지 음식을 맛볼 수 있는 곳으로서 태국의 궁정요리부터 중화요리, 일본요리, 인도요리, 아랍요리, 서양요리에 이르기까지 다양한 음식 문화를 경험할 수 있습니다.
- **쿠폰제 식당** : 15B~30B로 태국요리와 여러 가지 음식을 다양하게 싼 가격으로 먹을 수가 있는데 이용법은 먼저 카운터에서 현금을 식권으로 바꾼 후에 사진이나 모형을 보고 선택해서 식권과 교환하면 됩니다. 음식 선택 후 남는 차액은 현금으로 돌려 받을 수 있습니다.
- **대학 식당** : 대학교 내의 구내 식당을 가면 5B~6B의 싼 가격으로 한 끼 식사를 해결할 수 있습니다.
- **노점상** : 가끔은 꼭 식당이 아니더라도 길거리의 노점상에서 음식을 사 먹어보도록 합시다. 주로 볶음밥과 덮밥 종류를 파는데 10B 정도로 훌륭한 식사를 할 수 있습니다.

❷ 대표적인 태국음식!

- **카오팟** : 우리의 볶음밥과 같은 것으로 재료가 어떤것인지에 따라서 이름이 달라집니다. 주로 닭고기, 소고기, 돼지고기, 게, 새우등과 야채등을 섞어서 볶는데 대표적인 것으로 누아팟남만허이, 카이팟바이카파오 등이 있습니다.
- **톰얌** : 새우, 생선, 닭고기 등에 코코넛 밀크를 넣거나 또는 넣지 않고 끓인 것으로서 새우를 넣어서 끓인 '톰얌꿍' 이 유명합니다.
- **쏨땀** : 설익은 파파야를 채 쳐서 고추, 마른새우, 땅콩가루, 남빠, 라임 등과 함께 빻아서 만든 것으로 매운맛과 신맛이 어우러진 대표적인 태국 음식입니다.
- **깽** : 카레 종류로서 황록색의 깽키아오완과 매운맛이 강한 적색의 깽팟이 있습니다.
- **꾸워이띠어우** : 쌀로 만든 국수에 돼지고기나 야채, 오뎅 등

6. 식당과 요리

을 넣어 함께 먹는 국수로서 국물이 있는 것과 없는 것 두 가지가 있습니다.
● 얌 : 맛이 새콤 달콤한 샐러드 종류입니다.

❸ 태국요리의 독특한 소스

태국요리를 먹을 때에는 꼭 소스가 함께하는데 기본적인 소스의 종류로는 다음의 4가지가 있습니다.
● 프릭본 : 고춧가루
● 남쏨프릭 : 고추를 잘게 썰어 식초물에 담가 놓은 것
● 투어 : 땅콩가루
● 남빠 : 우리나라의 젓갈과 비슷한 것에다 간장을 섞은 것

✚ 과일의 나라, 태국

태국은 열대성 기후덕분에 1년 내내 여러 가지 과일을 맛 볼 수 있는 과일의 나라입니다. 1월부터 4월까지는 귤, 수박, 포도, 자바사과, 잭프루츠등이 나오며, 5월부터는 태국인이 가장 좋아하는 과일인 망고, 망고스틴, 리치, 두리안, 파인애플이 나옵니다. 7월에는 대추, 포맬로, 사탕사과, 패션프루트, 랑삿, 롱안이 제철 과일이며, 바나나, 코코넛, 파파야, 구아바는 1년 내내 출하가 되므로 연중 내내 즐길 수 있습니다.

태국의 대표적인 술, 메콩
메콩은 태국 서민들의 대표적인 술입니다. 알콜 도수 35%인 메콩의 마시는 방법은 일반적으로 콜라를 타서 마시는데, 간혹 드링크제를 타서 마시는 사람들도 있습니다.

① 식당을 찾을 때!

❶ 무엇을 좀 먹고 싶습니다.

❷ 근처에 유명한 레스토랑이 있습니까?

❸ 이 지방의 명물 요리를 먹고 싶습니다.

❹ 나는 프랑스 요리를 먹고 싶습니다.

❺ 이 근처에 중국요리 식당은 어디입니까?

❻ 한국 음식점으로 갑시다.

❼ 이쪽 자리에 앉아도 됩니까?

6. 식당과 요리

❶ อยากทานอะไรซักหน่อยครับ(ค่ะ)

야-ㄱ 타-ㄴ 아라이 싹 너-이 크랍(카)

❷ แถวนี้มีภัตตาคารที่มีชื่อเสียงไหมครับ(คะ)

태-우니- 미-파ㄷ따-카-ㄴ티-미-츠-씨-양마이 크랍(카)

❸ อยากทานอาหารดังในภาคนี้ครับ(ค่ะ)

야-ㄱ타-ㄴ 아-하-ㄴ당 나이파-ㄱ니- 크랍(카)

❹ ผม(ดิฉัน)อยากทานอาหารฝรั่งเศสครับ(ค่ะ)

폼(디찬)야-ㄱ타-ㄴ아-하-ㄴ화랑쎄-ㄷ 크랍(카)

❺ แถวนี้ร้านอาหารจีนอยู่ที่ไหนครับ(คะ)

태-우니-라-ㄴ아-하-ㄴ찌-ㄴ유-티-나이크랍(카)

❻ ไปร้านอาหารเกาหลีนะครับ(ค่ะ)

빠이 라-ㄴ아-하-ㄴ까올리- 나크랍(카)

❼ นั่งที่นี่ได้ไหมครับ(คะ)

낭 티-니- 다이마이 크랍(카)

❷ 식당의 예약!

❶ 예약이 필요합니까?

❷ 알겠습니다. 성함을 말씀해 주세요.

❸ 제 이름은 이진수입니다.

❹ 몇 분이십니까?

❺ 모두 여섯 명입니다.

❻ 오후 7시에 가겠습니다.

❼ 영업은 몇 시까지입니까?

6. 식당과 요리

❶ ต้องจองไหมครับ(คะ)
떠-ㅇ 쩌-ㅇ 마이 크랍(카)

❷ ทราบแล้วครับ(ค่ะ) กรุณาบอกชื่อหน่อย ครับ(ค่ะ)
싸-ㅂ래-우크랍(카) 까루나-버-ㄱ츠-너-이크랍(카)

❸ ผม(ดิฉัน)ชื่อ ลีจินซูครับ(ค่ะ)
폼(디찬) 츠- 리진수 크랍(카)

❹ มีกี่คนครับ(คะ)
미- 끼-콘 크랍(카)

❺ ทั้งหมดหกคนครับ(ค่ะ)
탕모ㄷ 혹콘 크랍(카)

❻ จะไปตอนหนึ่งทุ่มครับ(ค่ะ)
짜 빠이 떠-ㄴ능툼 크랍(카)

❼ เปิดร้านถึงกี่โมงครับ(คะ)
쁘ㅓ-ㄷ 라-ㄴ 트ㅇ 끼-모-ㅇ 크랍(카)

❸ 식당 미예약시!

❶ 안녕하십니까? 몇분이시죠?

❷ 세명입니다.

❸ 잠시 기다려 주십시오.

❹ 여기서 기다리겠습니다.

❺ 얼마나 기다려야 합니까?

❻ 테이블이 마련되어 있습니다.

❼ 이쪽으로 오십시오.

6. 식당과 요리

❶ สวัสดีครับ(คะ) กี่คนครับ(คะ)

싸와ㄷ디- 크랍(카) 끼-콘 크랍(카)

❷ สามคนครับ(ค่ะ)

싸-ㅁ콘 크랍(카)

❸ กรุณารอสักครู่นะครับ(ค่ะ)

까루나- 러-싹크루- 나 크랍(카)

❹ จะรออยู่ที่นี่ครับ(ค่ะ)

짜 러- 유- 티-니-크랍(카)

❺ ต้องรอนานเท่าไรครับ(คะ)

떠-ㅇ 러- 나-ㄴ 타오라이 크랍(카)

❻ จัดโต๊ะเตรียมไว้แล้วครับ(ค่ะ)

짜ㄷ 또 뜨리얌 와이 래-우 크랍(카)

❼ เชิญทางนี้ครับ(ค่ะ)

츠ㅓ-ㄴ 타-ㅇ니- 크랍(카)

④ 식사의 주문!

❶ 우선 메뉴를 좀 보겠습니다.

❷ 이것으로 주세요.

❸ 여기에서 잘하는 음식을 소개해 주십시오.

❹ 오늘의 특별요리는 무엇입니까?

❺ 어떤 요리들이 있습니까?

❻ 스테이크를 살짝 구워 주세요.

❼ 스테이크를 반쯤 익혀주세요.

6. 식당과 요리

❶ ขอดูเมนู(รายการอาหาร)หน่อยครับ(ค่ะ)

커-두-메-누(라-이까-ㄴ아-하-ㄴ)너-이크랍(카)

❷ ขอนี่ครับ(ค่ะ)

커- 니- 크랍(카)

❸ ช่วยแนะนำอาหารขึ้นชื่อหน่อยครับ(ค่ะ)

추어이 내남 아-하-ㄴ큰츠- 너-이 크랍(카)

❹ อาหารพิเศษวันนี้ มีอะไรครับ(คะ)

아-하-ㄴ 피쎄-ㄷ완니- 미-아라이 크랍(카)

❺ มีอาหารอะไรบ้างครับ(คะ)

미- 아-하-ㄴ 아라이 바-ㅇ 크랍(카)

❻ ขอสเต๊กแบบกึ่งสุกกึ่งดิบนะครับ(ค่ะ)

커- 싸떽 배-ㅂ 끙쑥끙딥 나 크랍(카)

❼ ขอสเต๊กแบบปานกลางนะครับ(ค่ะ)

커- 싸떽 배-ㅂ 빠-ㄴ끌라-ㅇ 나 크랍(카)

⑤ 식사시의 표현!

❶ 요리가 아직 안나왔습니다.

❷ 이것은 내가 주문한 것이 아닙니다.

❸ 이 요리는 어떻게 먹는거죠?

❹ 스푼을 떨어뜨렸습니다.

❺ 소금 좀 가져다 주세요.

❻ 냉수 좀 주세요.

❼ 빵을 조금 더 주세요.

6. 식당과 요리

❶ อาหารยังไม่เสร็จครับ(ค่ะ)
아-하-ㄴ 양 마이 쎄ㄷ 크랍(카)

❷ นี่ไม่ใช่อาหารที่ผม(ดิฉัน)สั่งครับ(ค่ะ)
니-마이차이 아-하-ㄴ 티-폼(디찬)쌍크랍(카)

❸ อาหารนี้ทานอย่างไรครับ(ค่ะ)
아-하-ㄴ니- 타-ㄴ 야-ㅇ라이 크랍(카)

❹ ช้อนตกพื้นแล้วครับ(ค่ะ)
처-ㄴ 똑 프-ㄴ 래-우 크랍(카)

❺ ขอเกลือหน่อยครับ(ค่ะ)
커- 끌르-어 너-이 크랍(카)

❻ ขอน้ำเย็นหน่อยครับ(ค่ะ)
커- 남옌 너-이 크랍(카)

❼ ขอขนมปังอีกหน่อยครับ(ค่ะ)
커- 카놈빵 이-ㄱ 너-이 크랍(카)

빠르게 찾고 쉽게 말하는 여행회화! 여러분의 여행을 보다 즐겁고 편안하게 만들어 드립니다!!

❻ 패스트푸드점

❶ 빅맥 햄버거와 콜라 한 병 주세요.

❷ 햄샌드위치 하나와 파인애플 주스 한 병 주세요.

❸ 음료는 무엇으로 하시겠습니까?

❹ 콜라로 주세요.

❺ 아이스크림 하나 주세요.

❻ 여기서 드실건가요, 가지고 가실건가요?

❼ 여기서 먹을 거예요.

6. 식당과 요리

❶ ขอบิ๊กแมคกับโค๊กหนึ่งขวดครับ(คะ)
커- 빅맥 깝 코-ㄱ 능쿠얻 크랍(카)

❷ ขอแซนวิชแฮมกับน้ำสับปรดหนึ่งขวดครับ(คะ)
커- 쌘위치햄 깝 남쌉빠로ㄷ 능쿠얻 크랍(카)

❸ จะรับเครื่องดื่มอะไรครับ(คะ)
짜 랍 크르엉드-ㅁ 아라이 크랍(카)

❹ ขอโค๊กครับ(ค่ะ)
커- 코-ㄱ 크랍(카)

❺ ขอไอศครีมหนึ่งอันครับ(ค่ะ)
커- 아이스크림 능안 크랍(카)

❻ ทานที่นี่หรือทางข้างนอกครับ(คะ)
타-ㄴ 티-니- 르- 타-ㄴ 카-o너-ㄱ 크랍(카)

❼ จะทานที่นี่ครับ(ค่ะ)
짜 타-ㄴ 티-니- 크랍(카)

7 식사비의 계산!

❶ 계산서 부탁합니다.

❷ 봉사료까지 포함되어 있습니까?

❸ 각자 냅시다.

❹ 내가 지불하겠습니다.

❺ 선불입니까?

❻ 제가 보기에 계산서가 잘못된 것 같습니다.

❼ 거스름 돈 여기 있습니다.

6. 식당과 요리

❶ เช็คบิลหน่อยครับ(ค่ะ)

첵빈 너-이 크랍(카)

❷ รวมค่าบริการด้วยหรือครับ(คะ)

루엄 카- 버-리까-ㄴ 두어이 르- 크랍(카)

❸ ต่างคนต่างจ่ายนะครับ(ค่ะ)

따-ㅇ콘따-ㅇ짜-이 나 크랍(카)

❹ ผม(ดิฉัน)จะจ่ายครับ(ค่ะ)

폼(디찬) 짜 짜-이 크랍(카)

❺ จ่ายล่วงหน้าไหมครับ(คะ)

짜-이 루엉나- 마이 크랍(카)

❻ ผม(ดิฉัน)รู้สึกว่าคิดเงินผิดนะครับ(ค่ะ)

폼(디찬)루-쓱와-키ㄷ응어-ㄴ피ㄷ나크랍(카)

❼ นี่ครับ(ค่ะ) เงินทอน

니-크랍(카) 응어-ㄴ 터-ㄴ

❽ 주점의 이용!

❶ 무슨 술을 드시겠습니까?

❷ 태국의 유명한 술은 무엇입니까?

❸ 1잔(1병) 주세요.

❹ 위스키도 있습니까?

❺ 이 지방의 특산주를 먹겠습니다.

❻ 맥주 주세요.

❼ 실례지만, 어떤 맥주가 있죠?

6. 식당과 요리

❶ จะดื่มเหล้าอะไรดีครับ(ค่ะ)
짜 드-ㅁ 라오 아라이 디-크랍(카)

❷ เหล้าไทยที่ดัง ๆ มีอะไรครับ(คะ)
라오 타이 티- 당당 미- 아라이 크랍(카)

❸ ขอหนึ่งแก้ว(หนึ่งขวด)ครับ(ค่ะ)
커- 능깨-우(능쿠얻) 크랍(카)

❹ มีวิสกี้ไหมครับ(คะ)
미- 위쓰끼- 마이 크랍(카)

❺ ขอเหล้าพื้นเมืองของเมืองนี้ครับ(ค่ะ)
커- 라오 프-ㄴ므-엉 커-ㅇ 므-엉니- 크랍(카)

❻ ขอเบียร์ครับ(ค่ะ)
커- 비-아 크랍(카)

❼ ขอโทษ มีเบียร์อะไรบ้างครับ(คะ)
커-토-ㄷ 미- 비-아 아라이바-ㅇ 크랍(카)

식사 관련 단어들!

🎵 식당 관련 단어표현

식당	ร้านอาหาร	라-ㄴ 아-하-ㄴ
레스토랑	ภัตตาคาร	파ㄷ따-카-ㄴ
주문하다	สั่ง	쌍
메뉴	เมนู	메-누-
아침식사	อาหารเช้า	아-하-ㄴ 차오
점심식사	อาหารกลางวัน	아-하-ㄴ끌라-ㅇ완
저녁식사	อาหารเย็น	아-한-옌
음식	อาหาร	아-하-ㄴ
중식	อาหารจีน	아-하-ㄴ찌-ㄴ
양식	อาหารฝรั่ง	아-하-ㄴ화랑
태국음식	อาหารไทย	아-하-ㄴ타이
계산서	บิล	빈
서비스요금	ค่าบริการ	카-버-리까-ㄴ
웨이터	พนักงาน	파낙응아-ㄴ

116

6. 식당과 요리

| 웨이트리스 | พนักงานหญิง | 파낙응아-ㄴ잉 |

● 식사 관련 단어표현

샐러드	สลัด	쌀라ㄷ
수프	ซุป	쑵
밥	ข้าว	카-우
빵	ขนมปัง	카놈빵
나이프(칼)	มีด	미-ㄷ
포크	ส้อม	써-ㅁ
국숟가락(중간숟가락)	ช้อนกลาง	처-ㄴ끌라-ㅇ
냅킨	ทิชชู	티ㄷ추-
이쑤시개	ไม้จิ้มฟัน	마이찜환
재떨이	ที่เขี่ยบุหรี่	티-키-야 부리-

식사 관련 단어들!

● 요리와 후식 관련 단어표현

쇠고기	เนื้อวัว	느-어우어
돼지고기	เนื้อหมู	느-어 무-
닭고기	เนื้อไก่	느-어까이
오리고기	เนื้อเป็ด	느-어뻬ㄷ
생선	ปลา	쁠라-
해물요리	อาหารทะเล	아-하-ㄴ탈레-
커피	กาแฟ	까-풰-
우유	นม	놈
차	ชา	차-
코카콜라	โค้ก	코-ㄱ
과일주스	น้ำผลไม้	남폰라마이
음료수	เครื่องดื่ม	크르엉드-ㅁ

7. 쇼핑용 회화!

❶ 쇼핑 요령!

쇼핑은 미리 목록을 작성해서 하는 것이 좋습니다. 산지와 상점가의 위치도 미리 조사해 두도록 합니다. 구매물품에 대한 정보, 그러니까 보석은 어느 지역, 어느 점포에서 사는 것이 좋고 싸다든지, 어디서 사야 진품을 구할 수 있는 지를 정보자료를 통해 미리 조사하도록 합니다.

빠르게 찾고 쉽게 말하는 여행회화! 여러분의 여행을 보다 즐겁고 편안하게 만들어 드립니다!!

쇼핑 노하우!!!

❷ 대표적인 쇼핑품목

세계의 많은 사람들이 관광과 더불어 쇼핑을 하기 위해 태국을 찾습니다. 화려한 백화점과 상점들, 그리고 길거리에서 수공예품을 파는 수많은 노점상들에 이르기까지 그야말로 태국은 쇼핑의 천국이라해도 과언이 아닐 정도입니다.

- **태국 실크와 면** : 밝은 색상과 독특한 광택으로 세계 최고라 일컬어지는 타이 실크를 이곳에서 구입할 수 있습니다. 특히 '타이 실크의 왕'이라 불리는 '짐 톰슨의 집'을 구경하는 것도 좋은 볼거리가 될 것입니다.
- **보석류** : 태국은 전세계에서 보석류나 장신구를 가장 많이 수출하는 나라로서 루비, 다이아몬드, 사파이어, 옥 등의 원석이나 가공된 제품을 저렴한 가격에 구입할 수 있습니다.
- **도자기류와 골동품** : 고대 중국의 도자기류나 여러 가지 골동품들을 구입할 수 있는데 일부 태국산 도자기와 골동품에 대해서는 수출 증명서가 요구될 수도 있습니다.
- **수공예품** : 은세공품이나 고산족의 자수, 또는 나무를 소재로 한 수공예품들이 기념품점이나 노점상 등에 많이 나와 있습니다.

✚ 태국에서의 쇼핑시 유의할 점

백화점과 규모가 큰 상점들에서는 가격 정찰제를 실시하고 있지만 거리의 작은 상점들과 노점상에서 물건을 구입할 때는 흥정만 잘하면 10~40%까지 가격을 깎을 수 있습니다. 그러므로 물건을 구입할 때는 여러곳을 둘러본 후에 가격을 잘 흥정하여 사도록 합니다.

7. 쇼핑용 회화

❸ 방콕에서의 쇼핑

방콕의 유명한 쇼핑 센터로는 뉴월드 백화점과 실롬 거리 입구의 로빈슨 백화점, 아마린 프라자 쇼핑센터, 센츄럴 백화점, 라자담리 아케이드, 다이마루 백화점, 오리엔탈 플라자, 그리고 고급 쇼핑센터인 리버시티 쇼핑센터, 태국의 전통공예품을 볼 수 있는 쇼핑센터인 실롬 빌리지, 젊은이들의 거리인 사이암 광장 주변에 있는 고급 쇼핑센터인 사이암 센터와 좀 더 서민적인 마붕크롱 센터가 있는데 특히 마붕크롱 센터의 4층은 노점상들이 들어서 있기 때문에 구경할만합니다. 또, 최고급 쇼핑센터인 페닌슐라 플라자에는 프랑스 백화점인 갤러리 라파에트가 있으며 그외 방콕 신진 디자이너의 부티크와 보석상 들이 입점해 있습니다.

✚ 태국의 수상시장

동양의 베니스라 불리우던 태국에서는 강에서의 물물교환이 아직도 성행하고 있습니다.
태국 특유의 높은 맥고 모자를 쓴 여자들이 작은 배에 신선한 과일과 야채를 가득 싣고 나와서 장사를 하는데 그곳에서만 볼 수 있는 이색적인 풍경입니다.
수상시장은 새벽부터 오전 정도 까지만 열리고, 가장 붐비는 시간은 7시부터 8시 사이로 이때는 수로가 작은 배로 가득 차서 꼼짝할 수도 없을 때가 많습니다.

① 쇼핑하는 법!

❶ 이 거리에는 어떤 상점이 있습니까?

❷ 그냥 구경만 해도 될까요?

❸ 이것과 같은 것이 있습니까?

❹ 저것 좀 보여 주세요.

❺ 이건 어디에 쓰는 것인가요?

❻ 이것은 남성용입니까?

❼ 좀 더 좋은 것은 없습니까?

7. 쇼핑용 회화

❶ ตามถนนนี้มีร้านอะไรบ้างครับ(คะ)
따-ㅁ 타논니- 미- 라-ㄴ아라이바-ㅇ 크랍(카)

❷ ชมดูเฉย ๆ ได้ไหมครับ(คะ)
촘 두- 츠ㅓ이츠ㅓ이 다이마이 크랍(카)

❸ ของที่เหมือนกับของนี้มีไหมครับ(คะ)
커-ㅇ 티- 므-언 깝 커-ㅇ니- 미-마이크랍(카)

❹ ขอดูของโน้นหน่อยครับ(ค่ะ)
커- 두- 커-ㅇ노-ㄴ 너-이 크랍(카)

❺ อันนี้ใช้สำหรับอะไรครับ(คะ)
안니- 차이 쌈랍 아라이크랍(카)

❻ นี่สำหรับผู้ชายไหมครับ(คะ)
니- 쌈랍 푸-차-이 마이 크랍(카)

❼ ของที่ดีกว่านี้มีไหมครับ(คะ)
커-ㅇ 티- 디- 꽈- 니- 미- 마이 크랍(카)

빠르게 찾고 쉽게 말하는 여행회화! 여러분의 여행을 보다 즐겁고 편안하게 만들어 드립니다!!

❷ 물건값을 낼 때!

❶ 좋습니다. 이것으로 주세요.

❷ 전부 합해서 얼마입니까?

❸ 너무 비쌉니다.

❹ 보다 싼 것은 없습니까?

❺ 조금만 더 싸게 해 주시겠어요?

❻ 여기는 정찰제입니다.

❼ 현금으로 지불할게요.

7. 쇼핑용 회화

❶ ดีครับ(ค่ะ) จะเอาอันนี้

디-크랍(카) 짜 아오 안니-

❷ ทั้งหมดเท่าไรครับ(คะ)

탕모ㄷ 타오라이 크랍(카)

❸ แพงเกินไปครับ(ค่ะ)

패-ㅇ 끄ㅓ-ㄴ빠이 크랍(카)

❹ ถูกกว่านี้มีไหมครับ(คะ)

투-ㄱ 콰-니- 미- 마이 크랍(카)

❺ ลดหน่อยได้ไหมครับ(คะ)

로ㄷ 너-이 다이 마이 크랍(카)

❻ ที่นี่ราคาตายตัวครับ(ค่ะ)

티-니- 라-카 따-이 뚜어 크랍(카)

❼ จ่ายเป็นเงินสดนะครับ(ค่ะ)

짜-이 뻬ㄴ 응으ㅓ-ㄴ쏟 나 크랍(카)

빠르게 찾고 쉽게 말하는 여행회화! 여러분의 여행을 보다 즐겁고 편안하게 만들어 드립니다!!

③ 백화점 쇼핑!

❶ 실례합니다.

❷ 화장품은 어디에 있습니까?

❸ 탈의실은 어디입니까?

❹ 이 두 개의 차이점이 뭔가요?

❺ 이것 두 개의 가격은 얼마입니까?

❻ 흰색으로 있습니까?

❼ 다른 것을 보여주실 수 있습니까?

7. 쇼핑용 회화

❶ ขอโทษครับ(ค่ะ)
커-토-ㄷ 크랍(카)

❷ เครื่องสำอางอยู่ที่ไหนครับ(คะ)
크르엉쌈아-ㅇ 유- 티-나이 크랍(카)

❸ ห้องลองเสื้อผ้าอยู่ที่ไหนครับ(คะ)
허-ㅇ러-ㅇ쓰-어- 유- 티-나이 크랍(카)

❹ สองตัวนี้ต่างกันอย่างไรครับ(คะ)
써-ㅇ뚜어니- 따-ㅇ깐 야-ㅇ라이 크랍(카)

❺ สองอันนี้ราคาเท่าไรครับ(คะ)
써-ㅇ안니- 라-카- 타오라이 크랍(카)

❻ มีสีขาวไหมครับ(คะ)
미- 씨-카-우 마이 크랍(카)

❼ ดูของอื่นได้ไหมครับ(คะ)
두- 커-ㅇ으-ㄴ 다이마이 크랍(카)

빠르게 찾고 쉽게 말하는 여행회화! 여러분의 여행을 보다 즐겁고 편안하게 만들어 드립니다!!

❹ 면세점 쇼핑!

❶ 면세점은 어디에 있습니까?

❷ 브랜디를 사고 싶습니다.

❸ 담배 한 보루 주세요.

❹ 여권을 보여 주십시오.

❺ 어떤 상표를 원하십니까?

❻ 이것으로 주세요.

❼ 이것과 저것을 하나씩 주십시오.

7. 쇼핑용 회화

❶ ร้านขายของปลอดภาษีอยู่ที่ไหนครับ(คะ)
라-ㄴ카-이커-ㅇ쁠러-ㄷ파-씨-유- 티-나이크랍(카)

❷ อยากซื้อบรั่นดีครับ(ค่ะ)
야-ㄱ 쓰- 브란디- 크랍(카)

❸ ขอบุหรี่หนึ่งกล่อง(ค๊อตตอน)ครับ(ค่ะ)
커- 부리-능끌러-ㅇ(컽떠-ㄴ) 크랍(카)

❹ ขอดูหนังสือเดินทางหน่อยครับ(ค่ะ)
커- 두- 낭쓰-드ㅓ-ㄴ타-ㅇ 너-이 크랍(카)

❺ อยากซื้อยี่ห้ออะไรครับ(คะ)
야-ㄱ 쓰- 이-허- 아라이 크랍(카)

❻ ขอนี่ครับ(ค่ะ)
커- 니- 크랍(카)

❼ ขออันนี้กับอันโน้นอย่างละหนึ่งอันครับ(ค่ะ)
커- 안니- 깝 안노-ㄴ 야-ㅇ라 능안 크랍(카)

❺ 기념품점 쇼핑!

❶ 기념품점은 어디에 있습니까?

❷ 무엇을 찾으십니까?

❸ 부모님께 드릴 선물을 원합니다.

❹ 이 도시의 특산품은 무엇입니까?

❺ 진열대에 있는 것을 보여 주세요.

❻ 포장을 해주십니까?

❼ 한국으로 부쳐주실 수 있습니까?

7. 쇼핑용 회화

❶ ร้านขายของที่ระลึกอยู่ที่ไหนครับ(คะ)
라-ㄴ카-이커-ㅇ티-라륵 유- 티-나이 크랍(카)

❷ หาอะไรอยู่ครับ(คะ)
하- 아라이 유-크랍(카)

❸ ของขวัญสำหรับพ่อแม่ครับ(ค่ะ)
커-ㅇ콴 쌈랍 퍼-매- 크랍(카)

❹ สินค้าพื้นเมืองของเมืองนี้มีอะไรบ้างครับ(คะ)
씬카-프-ㄴ므-엉커-ㅇ므-엉니-미-아라이바-ㅇ 크랍(카)

❺ ขอดูของที่อยู่ในตู้โชว์หน่อยครับ(ค่ะ)
커-두-커-ㅇ티- 유- 나이뚜-초- 너-이 크랍(카)

❻ ห่อให้ได้ไหมครับ(คะ)
허- 하이 다이 마이 크랍(카)

❼ ส่งไปเกาหลีให้หน่อยได้ไหมครับ(คะ)
쏭빠이 까올리- 하이 너-이 다이마이 크랍(카)

빠르게 찾고 쉽게 말하는 여행회화! 여러분의 여행을 보다 즐겁고 편안하게 만들어 드립니다!!

❻ 슈퍼마켓 쇼핑!

❶ 실례합니다. 커피를 사려고 합니다.

❷ 어디에 있는지 말씀해 주십시오.

❸ 우유는 어디에 있습니까?

❹ 그 물건은 품절입니다.

❺ (쇼핑)백에 넣어주십시오.

❻ 종이 백을 드릴까요, 비닐 백을 드릴까요?

❼ 배달도 가능합니까?

7. 쇼핑용 회화

❶ ขอโทษ อยากจะซื้อกาแฟน่ะครับ(ค่ะ)
커-토-ㄷ 야-ㄱ짜 쓰- 까-풰- 나크랍(카)

❷ ช่วยบอกว่าอยู่ที่ไหนครับ(คะ)
추어이버-ㄱ 와-유- 티-나이 크랍(카)

❸ นมสดอยู่ที่ไหนครับ(คะ)
놈쏟 유- 티-나이 크랍(카)

❹ ของนั้นหมดแล้วครับ(ค่ะ)
커-ㅇ난 모ㄷ래-우 크랍(카)

❺ ใส่ถุงให้หน่อยครับ(ค่ะ)
싸이 퉁 하이 너-이 크랍(카)

❻ ถุงกระดาษหรือถุงพลาสติกครับ(คะ)
퉁끄라다-ㄷ 르- 퉁플라싸띠ㄱ 크랍(카)

❼ บริการส่งให้ด้วยหรือเปล่าครับ(คะ)
버-리까-ㄴ 쏭하이 두어이 르-쁠라오 크랍(카)

빠르게 찾고 쉽게 말하는 여행회화! 여러분의 여행을 보다 즐겁고 편안하게 만들어 드립니다!!

🛍️ 쇼핑 관련 단어들!

🎵 쇼핑 관련 단어표현

영업중	เปิดร้าน	쁘ㅓ-ㄷ라-ㄴ
폐점	ปิดร้าน	삐ㄷ라-ㄴ
백화점	ห้างสรรพสินค้า	하-ㅇ쌉파신카-
세일	ลดราคา(เซล์)	로ㄷ라-카-(쎌)
가격표	ป้ายราคา	빠-이라-카-
견본	แบบตัวอย่างสินค้า	배-ㅂ뚜어야-ㅇ씬카-
교환	เปลี่ยน	쁠리-안
설명서	คู่มือ	쿠-므-
선물	ของขวัญ	커-ㅇ콴
포장하다	ห่อ	허-
여행자수표	เช็คเดินทาง	첵드ㅓ-ㄴ타-ㅇ
기념품점	ร้านขายของที่ระลึก	라-ㄴ카-이커-ㅇ티-라륵

8. 우편, 전화, 은행!

❶ 우체국!

태국 우체국의 우편업무 시간은 월~금요일 08:30~17:00, 토요일 09:00~12:000이며 돈무앙 국제공항내 우체국은 연중 무휴 24시간 영업을 합니다. 그리고 항공서간 요금은 나라에 관계없이 10B이며 우편엽서는 9B입니다.

소포의 경우는 우체국에 가서 보내게 되는데 운송방법에 따라 세 종류가 있습니다. 가장 빠른 EMS와 항공편, 그리고 선편이 있으며 가격은 모두 무게에 따라 다르지만 EMS가 제일 비싸고 선편이 가장 쌉니다. 우체국에 따라서는 포장 서비스를 무료로 해 주는 곳도 있으니 이용하시길 바랍니다.

우편|국제전화|은행

그리고 편지나 소포를 보낼 때 받는 사람의 주소는 한글로 써도 되지만 국가명만은 우측 제일 하단에 **SOUTH KOREA** 라고 영어로 써주어야 합니다.

❷ 국제전화!

태국의 공중전화는 시내전화용은 적색, 시외전화용은 푸른색이며 국제전화는 노란색으로 구분이 되어 있습니다. 요즘은 편의점이나 전화부스 옆의 큰 상점에서 판매하는 전용카드 또는 크레디트 카드로 지불하며, 전용카드는 250B와 500B의 두 종류가 있습니다. 한국으로 전화할 경우 30초에 25B 정도입니다.

ⓐ 공중전화로 통화하는 방법 :

공중전화로 국제전화를 걸 경우는 동전이나 카드를 먼저 넣은 후 (서울 929-2882로 전화를 건다고 할 때) **00-82-2-929-2882**를 누르면 됩니다. 이때 00은 국제식별코드(**international access code**)이며, 82는 한국의 코드번호(**country code**), 2는 서울의 지역번호, 그리고 전화번호 929-2882가 됩니다. 외국에서 한국으로 전화할 때는 지역번호 앞의 0은 빼고 전화합니다.

ⓑ 통신사별 국제전화카드를 사용해서 전화하는 방법 :

다음의 통신사별 교환, 카드접속번호를 누른 후 안내방송에 따라서 전화를 걸면 됩니다.

8. 우편, 전화, 은행!

```
한국통신   080-0080-0082
데이콤     0800-080-0820
온세통신   0800-33-70700
```

✚ 국제전화 후불카드

여행을 떠나기 전에 각 통신사에서 제공하는 국제전화 후불카드를 만들면 현지에서 현금없이도 한국으로 전화를 걸 수 있습니다. 국제전화 후불카드란 본인이 지정하는 전화번호로 카드를 발급받아서 외국에서 사용한 후에 요금은 지정한 전화번호 청구서로 부과되는 제도로서 요금이 저렴하고 한국어 안내방송에 따라서 걸면 되므로 편리하다는 장점이 있습니다. 통신사별 국제전화후불카드 신청번호는 다음과 같습니다.

```
한국통신   080-2580-161
데이콤     082-100
온세통신   083-100
```

❸ 은행의 이용!

여행객은 주로 환전이나 송금을 받기 위해 은행을 이용하게 되는데, 은행의 이용 가능한 시간은 월~금요일 08:30~15:30 입니다. 그리고 방콕은행, 타이다누은행, 타이농업은행 등의 주요 은행들은 관광지에 환전소를 설치해 공휴일에 관계없이 07:00~19:00까지 환전 서비스를 하니 기억해 두시길 바랍니다. 환전은 은행외에 공항이나 기차역, 호텔에서도 가능하지만 환전 수수료가 비싸므로 되도록이면 은행을 이용하도록 합니다.

빠르게 찾고 쉽게 말하는 여행회화! 여러분의 여행을 보다 즐겁고 편안하게 만들어 드립니다!!

① 우편물 보내기!

❶ 우체국은 어디 있습니까?

❷ 우체통은 어디 있습니까?

❸ 편지를 한국에 항공편으로 보내려 합니다.

❹ 이것을 속달로 보내주세요.

❺ 항공편으로 부치면 얼마나 걸립니까?

❻ 이 편지를 등기로 보내고 싶습니다.

❼ 우편요금은 얼마입니까?

8. 우편, 전화, 은행!

❶ ไปรษณีย์อยู่ที่ไหนครับ(คะ)

쁘라이싸니- 유- 티-나이 크랍(카)

❷ ตู้ไปรษณีย์อยู่ที่ไหนครับ(คะ)

뚜-쁘라이싸니- 유- 티-나이 크랍(카)

❸ จะส่งแอร์เมล์ไปเกาหลีครับ(ค่ะ)

짜 쏭 애-메- 빠이 까올리- 크랍(카)

❹ ส่งของนี้ด่วนครับ(ค่ะ)

쏭 커-ㅇ니- 두언 크랍(카)

❺ ส่งทางอากาศใช้เวลากี่วันครับ(คะ)

쏭 타-ㅇ 아-까-ㄷ 차이웨-ㄹ라-끼-완 크랍(카)

❻ อยากจะส่งจดหมายนี้เป็นลงทะเบียนครับ(ค่ะ)

야-ㄱ 짜 쏭 쪼ㄷ 마-이니- 뻬ㄴ 롱타비-안 크랍(카)

❼ ค่าส่งเท่าไรครับ(คะ)

카-쏭 타오라이 크랍(카)

❷ 소포 보내기!

❶ 이 소포를 보내고 싶습니다.

❷ 소포용 상자가 있습니까?

❸ 보통우편 아니면 등기로 하시겠습니까?

❹ 이 소포를 선편으로 부치려 합니다.

❺ 소포 12개를 서울로 보내고 싶습니다.

❻ 소포를 보험에 드시겠습니까?

❼ 소포에 '취급주의'라고 표시해 주십시오.

8. 우편, 전화, 은행!

❶ อยากจะส่งพัสดุนี้ครับ(ค่ะ)
야-ㄱ 짜 쏭 파ㄷ싸두니- 크랍(카)

❷ มีกล่องสำหรับพัสดุไหมครับ(คะ)
미- 끌러-ㅇ 쌈랍 파ㄷ싸두 마이 크랍(카)

❸ ส่งธรรมดาหรือลงทะเบียนครับ(คะ)
쏭 탐마다- 르- 롱타비-안 크랍(카)

❹ จะส่งพัสดุนี้ทางเรือครับ(ค่ะ)
짜 쏭 파ㄷ싸두니- 타-ㅇ르어 크랍(카)

❺ จะส่งพัสดุสิบสองอันนี้ไปเกาหลีครับ(ค่ะ)
짜쏭파ㄷ싸두 씹써-ㅇ안니-빠이 까올리- 크랍(카)

❻ ไปประกันพัสดุด้วยไหมครับ(คะ)
쁘라깐 파ㄷ싸두 두어이 마이 크랍(카)

❼ ช่วยเครื่องหมาย 'ระวังแตก' ให้ด้วยครับ(ค่ะ)
추어이크르엉마-이 '라왕때-ㄱ' 하이두어이크랍(카)

③ 공중전화 걸기!

❶ 공중전화는 어디에 있습니까?

❷ 국제전화를 걸 수 있습니까?

❸ 이 전화를 사용해도 됩니까?

❹ 한국의 국가번호를 가르쳐주시겠습니까?

❺ 카드를 사용합니까? 동전을 사용합니까?

❻ 대사관 전화는 몇 번입니까?

❼ 거기 541-2980번이 아닌가요?

8. 우편, 전화, 은행!

❶ โทรศัพท์สาธารณะอยู่ที่ไหนครับ(คะ)
토-라쌉 싸-타-라나 유- 티-나이 크랍(카)

❷ โทรไปต่างประเทศได้ไหมครับ(คะ)
토-빠이 따-ㅇ쁘라테-ㄷ 다이 마이 크랍(카)

❸ ใช้เครื่องนี้ได้ไหมครับ(คะ)
차이 크르엉니- 다이 마이 크랍(카)

❹ กรุณาบอกรหัสประเทศเกาหลีครับ(ค่ะ)
까루나-버-ㄱ 라하ㄷ쁘라테-ㄷ까올리- 크랍(카)

❺ ใช้การ์ดหรือเหรียญครับ(คะ)
차이 까-ㄷ 르- 리-안 크랍(카)

❻ หมายเลขโทรศัพท์สถานทูตเท่าไรครับ(คะ)
마-이레-ㄱ토-라쌉싸타-ㄴ투-ㄷ타오라이크랍(카)

❼ 541-2980ใช่ไหมครับ(คะ)
하-씨-능-써-ㅇ 까오빼-ㄷ쑤-ㄴ 차이마이크랍(카)

❹ 전화대화 표현!

❶ 여보세요. 거기가 123-4567입니까?

❷ 전화거신 분은 누구십니까?

❸ 저는 김명철이라고 합니다.

❹ 내선 351번 부탁합니다.

❺ 김민주 씨 좀 바꿔 주시겠어요?

❻ 미안합니다. 잘못 걸었습니다.

❼ 그는 지금 외출중입니다.

8. 우편, 전화, 은행!

❶ ฮัลโหล 123-4567ใช่ไหมครับ(คะ)
한로- 능써-ㅇ싸-ㅁ씨-하-혹쩨ㄷ차이마이크랍(카)

❷ ใครกำลังพูดครับ(คะ)
크라이 깜랑 푸-ㄷ 크랍(카)

❸ ผม(ดิฉัน)ชื่อคิมเมียงชอลครับ(ค่ะ)
폼(디찬) 츠- 김명철 크랍(카)

❹ ขอสายสามห้าหนึ่งครับ(ค่ะ)
커- 싸-이 싸-ㅁ 하- 능 크랍(카)

❺ ขอพูดกับคุณคิมมินจูหน่อยครับ(ค่ะ)
커- 푸-ㄷ 깝 김민주 너-이 크랍(카)

❻ ขอโทษค่ะ โทรผิดครับ(ค่ะ)
커-토-ㄷ카 토- 피ㄷ 크랍(카)

❼ เขาไม่อยู่ครับ(ค่ะ)
카오 마이유- 크랍(카)

❺ 국제전화 걸기!

❶ 교환입니다. 무엇을 도와드릴까요?

❷ 한국의 서울로 국제통화를 하고 싶습니다.

❸ 잠깐만 기다리세요.

❹ 지금 국제전화 교환원을 연결해 드리겠습니다.

❺ 한국의 서울로 직접 전화할 수 있습니까?

❻ 사람을 지정으로 하겠습니다.

❼ 수신자부담으로 해주세요.

8. 우편, 전화, 은행!

❶ บริการต่อโทรศัพท์ครับ(ค่ะ) มีอะไรให้รับใช้ ครับ(คะ)

버-리까-ㄴ떠-토-라쌉크랍(카) 미-아라이하이랍차이 크랍(카)

❷ อยากโทรไปกรุงโซลประเทศเกาหลีครับ(ค่ะ)

야-ㄱ토-빠이끄룽쏘-ㄴ쁘라테-ㄷ까올리-크랍(카)

❸ กรุณารอสักครู่นะครับ(ค่ะ)

까루나- 러-싹크루- 나 크랍(카)

❹ จะต่อสายโทรต่างประเทศให้เดี๋ยวนี้ครับ(ค่ะ)

짜떠-싸-이토-따-ㅇ쁘라테-ㄷ하이디여우니-크랍(카)

❺ จะพูดสายตรงกับที่โซลได้ไหมครับ(คะ)

커- 푸-ㄷ 깝 쿤 김민주 너-이 크랍(카)

❻ เจาะจงตัวครับ(ค่ะ)

쩌쫑뚜어 크랍(카)

❼ เก็บเงินปลายทางครับ(ค่ะ)

께ㅂ응으ㅓ-ㄴ쁠라-이타-ㅇ 크랍(카)

❻ 호텔에서의 전화!

❶ 여보세요, 교환이죠?

❷ 치앙마이로 장거리전화를 부탁합니다.

❸ 콜렉트콜로 중국으로 전화하고 싶습니다.

❹ 전화비가 얼마입니까?.

❺ 저의 이름은 김민수이며, 303호실입니다.

❻ 끊지말고 잠시 기다려 주세요.

❼ 상대방이 나왔습니다. 말씀하세요.

8. 우편, 전화, 은행!

❶ ฮัลโหล แผนกบริการต่อโทรศัพท์ใช่ไหม ครับ(คะ)
한로- 파내-ㄱ버-리까-ㄴ떠-토라쌉차이마이크랍(카)

❷ อยากโทรทางไกลไปเชียงใหม่ครับ(ค่ะ)
야-ㄱ 토- 타-ㅇ끌라이 빠이 치앙마이 크랍(카)

❸ อยากโทรไปประเทศจีนเป็นคอลแล็กต์คอล ครับ(ค่ะ)
야-ㄱ 토-빠이쁘라테-ㄷ찌-ㄴ뻬ㄴ 컨랙커-ㄴ 크랍(카)

❹ ค่าโทรศัพท์เท่าไรครับ(คะ)
카-토라쌉 타오라이 크랍(카)

❺ ผม(ดิฉัน)ชื่อคิมมินซูห้อง303ครับ(ค่ะ)
폼(디찬)츠-김민수허-ㅇ싸-ㅁ쑨-ㄴ싸-ㅁ크랍(카)

❻ กรุณาถือสาย รอสักครู่นะครับ(ค่ะ)
까루나- 트-싸-이 러- 싹 크루- 나크랍(카)

❼ ติดแล้วครับ(ค่ะ) พูดได้เลยครับ(ค่ะ)
띠ㄷ래-우크랍(카) 푸-ㄷ다이르ㅓ-이크랍(카)

우편|전화 관련 단어!

우편 관련 단어표현

우체국	ที่ทำการไปรษณีย์	티-탐까-ㄴ쁘라이싸니-
우편엽서	ไปรษณียบัตร	쁘라이싸니-야밭
편지지	กระกาษเขียนจดหมาย	끄라다-ㄷ키-안쪼ㄷ마-이
봉투	ซอง	써-ㅇ
발신인	ผู้ส่ง	푸-쏭
수신인	ผู้รับ	푸-랍
주소	ที่อยู่	티-유-
우체통	ตู้ไปรษณีย์	뚜-쁘라이싸니-
항공봉함편지	จดหมายแอร์	쪼ㄷ마-이애-
등기우편	จดหมายลงทะเบียน	쪼ㄷ마-이롱타비-안
속달	ด่วน	두언
우표	แสตมป์	싸때-ㅁ
선편	ทางเรือ	타-ㅇ르-어
항공우편	จดหมายอากาศ	쪼ㄷ마-이타-ㅇ아-까-ㄷ
소포	พัสดุ	파ㄷ싸두

8. 우편, 전화, 은행!

| 취급주의 | ระวังแตก | 라왕때-ㄱ |

● 전화 관련 단어표현

공중전화	โทรศัพท์สาธารณะ	토-라쌉싸-타-라나
전화박스	ตู้โทรศัพท์	뚜-토-라쌉
전화기	เครื่องโทรศัพท์	크르엉토-라쌉
전화번호	เบอร์โทรศัพท์	브ㅓ-토-라쌉
전화비	ค่าโทรศัพท์	카-토-라쌉
구내전화선	โทรศัพท์ภายใน	토-라쌉파이나이
휴대전화	โทรศัพท์มือถือ	토-라쌉므-트-
긴급전화	โทรศัพท์ด่วน	토-라쌉두언
시내통화	โทรศัพท์ในเมือง	토-라쌉나이므-엉
국제전화	โทรศัพท์ต่างประเทศ	토-라쌉따-ㅇ쁘라테-ㄷ
교환원	พนักงานรับโทรศัพท์	파낙응아-ㄴ랍토-라쌉
국가번호	รหัสประเทศ	라하ㄷ쁘라테-ㄷ
지역번호	รหัสจังหวัด	라하ㄷ짱와ㄷ
콜렉트콜	เก็บเงินปลายทาง	껩응으ㅓ-ㄴ쁠라-이타-ㅇ

❼ 은행의 이용!

❶ 여행자수표를 현금으로 바꾸고 싶습니다.

❷ 얼마나 현금으로 바꾸시겠습니까?

❸ 여권 좀 보여주시겠습니까?

❹ 네, 여기 여행자 수표도 있습니다.

❺ 수표마다 서명해주시겠어요?

❻ 얼마짜리 지폐로 드릴까요?

❼ 100원 짜리 다섯 장으로 주세요.

8. 우편, 전화, 은행!

① ขอแลกเช็คเดินทางเป็นเงินสดครับ(ค่ะ)

커-래-ㄱ첵드ㅓ-ㄴ타-ㅇ삐ㄴ응으ㅓ-ㄴ쏟 크랍(카)

② จะแลกเงินเท่าไรครับ(คะ)

짜 래-ㄱ응으ㅓ-ㄴ 타오라이 크랍(카)

③ ขอดูหนังสือเดินทางหน่อยครับ(ค่ะ)

커-두 낭쓰-드ㅓ-ㄴ타-ㅇ너-이 크랍(카)

④ นี่ครับ(ค่ะ) เช็คเดินทาง

니- 크랍(카)   첵드ㅓ-타-ㅇ

⑤ กรุณาเซ็นชื่อทุกใบครับ(ค่ะ)

까우나- 첵츠- 툭바이 크랍(카)

⑥ จะรับธนบัตรใบละเท่าไรครับ(คะ)

짜 랍 타나받 바이라 타오라이 크랍(카)

⑦ ขอใบละร้อยห้าใบครับ(ค่ะ)

커- 바이라 러-이 하-바이 크랍(카)

❽ 잔돈 바꾸기!

❶ 잔돈 좀 섞어 주세요.

❷ 달러를 바트(B) 화로 좀 바꾸려고 합니다.

❸ 얼마 바꾸시길 원하세요?

❹ 500불입니다.

❺ 잔돈으로 바꿀 수 있을까요?

❻ 어떻게 바꿔드릴까요?

❼ 10바트 짜리 10개로 주십시오.

8. 우편, 전화, 은행!

❶ ขอแบงค์ย่อยด้วยครับ(ค่ะ)

커- 배-ㅇ여-이 두어이 크랍(카)

❷ อยากจะแลกดอลล่าเป็นเงินบาทครับ(ค่ะ)

야-ㄱ짜래-ㄱ더-ㄴ라-ㅃㄴ응으ㅓ-ㄴ바-ㄷ크랍(카)

❸ อยากจะแลกเงินเท่าไรครับ(คะ)

야-ㄱ짜 래-ㄱ응으ㅓ-ㄴ 타오라이 크랍(카)

❹ ห้าร้อยดอลล่าครับ(ค่ะ)

하-러-이 더-ㄴ라- 크랍(카)

❺ แลกเป็นแบงค์ย่อยได้ไหมครับ(คะ)

래-ㄱ ㅃㄴ 배-ㅇ여-이 다이마이 크랍(카)

❻ แลกอย่างไรครับ(คะ)

래-ㄱ 야-ㅇ라이 크랍(카)

❼ ขอใบละสิบบาทสิบใบครับ(ค่ะ)

커- 바이라 씹바-ㄷ 씹바이 크랍(카)

은행 관련 단어들!

은행 관련 단어표현

환전소	ที่แลกเงิน	티-래-ㄱ응으ㅓ-ㄴ
환전율	อัตราแลกเงิน	아ㄷ뜨라-래-ㄱ응으ㅓ-ㄴ
잔돈	แบงค์ย่อย	배-ㅇ여-이
지폐	ธนบัตร	타나받
동전	เหรียญ	리-안
여행자수표	เช็คเดินทาง	첵드ㅓ-ㄴ타-ㅇ
서명하다	เซ็นชื่อ	쎈츠-
바꾸다	แลกเปลี่ยน	래-ㄱ쁠리-안
달러	ดอลล่า/เหรียญ	더-ㄴ라-/리-안
유로	ยูโร	유-로-
파운드	ป้อนด์	뻐-ㄴ

9. 교통수단!

태국의 주요 교통수단으로는 버스와 철도, 택시등을 들 수 있겠는데 우리에게는 다소 이색적인 툭툭과 썽태우를 비롯한 태국의 교통수단에 대해 간단하게 정리해 보도록 하겠습니다.

❶ 버스의 이용!

철도보다는 버스의 노선이 전국에 걸쳐서 뻗어 있기때문에 태국 관광을 할 때에는 버스를 이용할 일이 더 많을 것입니다. 버스의 종류로는 주요 도시간을 연결하는 민영 관광 버스와 공영 장거리 버스, 로컬 버스, 시내 버스, 그리고 툭툭과 썽태우가 있습니다.

빠르게 찾고 쉽게 말하는 여행회화! 여러분의 여행을 보다 즐겁고 편안하게 만들어 드립니다!!

교통수단의 이용!

- **민영 관광 버스** : 민간 회사가 운영하는 것으로서 화장실과 에어컨 시설이 되어 있는 독일이나 일본제 버스입니다. 주야로 출발하며 버스에는 안내원이 있어서 간단한 식사도 제공합니다.
- **공영 장거리 버스** : 주요 도시간을 운행하는 점은 민영 관광 버스와 같으나 에어컨 시설도 안 되어 있고 좌석도 딱딱한 의자라서 민영 관광 버스처럼 편안한 여행을 하기는 어렵습니다. 하지만 요금은 민영 관광 버스의 2/3 정도면 구입할 수 있으므로 배낭객이라면 한 번 이용해볼만 합니다.
- **로컬 버스** : 짧은 거리를 운행하는 버스로서 요금은 목적지에 따라서 다르며 버스 출발 후 안내원이 요금을 받으러 다닙니다. 로컬 버스 이용시 주의할 점은 자신의 목적지를 안내원에게 확실히 알려주어서 그냥 지나치지 않도록 합니다.
- **시내 버스** : 도시내에서 운행되는 시내 버스는 방콕이나 치앙마이 등의 대도시에서만 운행이 됩니다.
- **툭툭** : 툭툭은 일본제 경삼륜차의 화물칸을 객석으로 개조한 것으로 짧은 거리를 이동할 때나 정체가 심한 경우에 이것을 이용하면 편리합니다. 요금은 목적지에 따라 흥정을 해야 하는데 대개 시내에서의 이동은 30B~80B 정도면 가능합니다.
- **썽태우** : 썽태우는 소형 트럭의 화물칸을 객석으로 개조한 것으로 이용법은 거리에서 썽태우를 세운 뒤에 운전사에게 행선지를 얘기해서 방향이 같으면 태워줍니다. 요금은 툭툭처럼 타기 전에 흥정을 해야하며 택시가 다니지 않는 지역에서만 볼 수가 있습니다.

❷ 철도의 이용!

태국의 철도 노선은 방콕을 기점으로 해서 북부, 북동부, 동

9. 교통수단

부, 남부로 이어집니다. 열차의 종류로는 보통 열차(ORD), 쾌속 열차(RAP), 급행 열차(EXP)가 있으며 쾌속과 급행은 추가 요금이 필요합니다. 대부분의 기차는 냉방시설이 안되어 있는 3등석부터 냉방시설과 취침시설이 갖추어져 있는 1등석이 있으며 침대차의 경우에는 화장실과 샤워시설이 되어 있습니다. 열차 여행의 기점은 방콕의 중앙 역인 화람퐁 역으로서 열차표의 예약과 구입이 가능하며 각 열차의 시각표도 구할 수 있습니다.

● **이스턴 오리엔탈 익스프레스** : 1993년 말부터 태국에서 말레이시아를 통과해서 싱가폴까지 운행하는 이 국제열차는 세개의 레스토랑 칸과 두개의 바 칸, 그리고 관광 전용차량과 다섯개의 서비스화물차량으로 이루어진 초호화 열차입니다.

❸ 택시의 이용!

택시는 타기 전에 목적지에 따라 요금을 흥정하는 택시와 미터제 택시 2가지가 있는데 가능하면 여행자는 TAXI METER라고 쓴 간판을 부착한 미터제 택시를 이용하는 편이 좋겠습니다. 미터제 택시의 기본 요금은 35B이며 미터당 3B씩 요금이 추가됩니다.

✚ 임대 바이크의 이용!

오토바이를 빌려주는 것으로서 요금은 바이크의 종류와 상태에 따라 다르지만 보통은 하루에 120B~200B입니다. 임대할 때에는 국제면허증이 필요하며 계약서를 쓰고 여권을 담보로 맡깁니다. 만약의 사고에 대비해서 양 바퀴에 이상은 없는지 등의 오토바이 상태를 잘 확인해 두도록 합니다.

① 철도의 이용! 1.

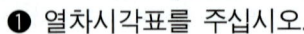

❶ 열차시각표를 주십시오.

❷ 좌석을 예약해야 합니까?

❸ 급행이 있습니까?

❹ 기차를 갈아 타야합니까?

❺ 왕복표로 주십시오.

❻ 핫야이 행(기차) 타는 플랫폼이 어디입니까?

❼ 어느 열차를 타야합니까?

9. 교통수단

❶ ขอตารางเวลารถไฟหน่อยครับ(ค่ะ)
커- 따-라-ㅇ웨-ㄹ라-로ㄷ화이 너-이 크랍(카)

❷ ต้องจองที่นั่งไหมครับ(คะ)
떠-ㅇ 쩌-ㅇ 티-낭 마이 크랍(카)

❸ มีรถไฟด่วนไหมครับ(คะ)
미- 로ㄷ화이두언 마이 크랍(카)

❹ ต้องเปลี่ยนรถไฟไหมครับ(คะ)
떠-ㅇ 쁠리-안 로ㄷ화이 마이 크랍(카)

❺ ขอตั๋วไปกลับครับ(ค่ะ)
커- 뚜어 빠이 끌랍 크랍(카)

❻ รถไฟไปหาดใหญ่ออกชานชาลาเลขที่เท่าไร ครับ(คะ)
로ㄷ화이 빠이 하-ㄷ야이 어-ㄱ 차-ㄴ차-ㄹ라-래-ㄱ티- 타오라이 크랍(카)

❼ ขึ้นรถไฟขบวนไหนครับ(คะ)
큰 로ㄷ화이 카부언나이 크랍(카)

❷ 철도의 이용! 2.

❽ 어디에서 갈아탑니까?

❾ 침대칸이 있습니까?

❿ 식당칸이 있습니까?

⓫ 이 열차는 방콕까지 직행합니까?

⓬ 이 열차는 어디 어디에 정차합니까?

⓭ 여기서 몇 분간 정차합니까?

⓮ 다음 열차는 몇 시에 있습니까?

9. 교통수단

❽ เปลี่ยนรถไฟที่ไหนครับ(คะ)
쁠리-안 로ㄷ화이 티- 나이 크랍(카)

❾ มีรถชั้นนอนไหมครับ(คะ)
미- 로ㄷ찬너-ㄴ 마이 크랍(카)

❿ มีรถตู้เสบียงไหมครับ(คะ)
미- 로ㄷ뚜-싸비-앙 마이 크랍(카)

⓫ รถไฟนี้แล่นตรงถึงกรุงเทพเลยไหมครับ(คะ)
로ㄷ화이니-래-ㄴ뜨롱트ㅇ끄룽테-ㅂ르ㅓ-이마이크랍(카)

⓬ รถไฟขบวนนี้จอดที่ไหนบ้างครับ(คะ)
로ㄷ화이카부언니-쩌-ㄷ티-나이바-ㅇ 크랍(카)

⓭ จอดที่นี่กี่นาทีครับ(คะ)
쩌-ㄷ티-니- 끼-나-티- 크랍(카)

⓮ รถไฟขบวนหน้าออกกี่โมงครับ(คะ)
로ㄷ화이 카부언나- 어-ㄱ 끼-모-ㅇ 크랍(카)

❸ 버스의 이용! 1.

❶ 부근에 버스정류장은 어디입니까?

❷ 에머럴드사원으로 가는 버스정류장은 어디입니까?

❸ 왕궁 가는 버스는 몇번입니까?

❹ 치앙마이 가는 표 두 장 주세요.

❺ 버스 노선표 좀 주세요.

❻ 북부 시외 버스 정류장이 어디입니까?.

❼ 치앙마이행 버스는 언제 출발합니까?

9. 교통수단

❶ แถวนี้ป้ายรถเมล์อยู่ที่ไหนครับ(คะ)

태-우니- 빠-이 로드메- 유- 티-나이 크랍(카)

❷ ป้ายรถเมล์ที่ไปวัดพระแก้วอยู่ที่ไหนครับ(คะ)

빠-이로드메-티-빠이와드프라께-우유-티-나이크랍(카)

❸ ไปพระราชวังขึ้นรถเมล์สายอะไรครับ(คะ)

빠이프라라-드차왕 큰로드메-싸-이아라이 크랍(카)

❹ ขอตั๋วไปเชียงใหม่สองใบครับ(ค่ะ)

커- 뚜어 빠이 치앙마이 써-ㅇ 바이크랍(카)

❺ ขอตารางสายรถเมล์หน่อยครับ(ค่ะ)

커- 따-라-ㅇ싸-이로드메- 너-이 크랍(카)

❻ สถานีขนส่งสายเหนืออยู่ที่ไหนครับ(คะ)

싸타-니-콘커-ㅇ싸-이느-어 유-티-나이크랍(카)

❼ รถเมล์ไปเชียงใหม่ออกกี่โมงครับ(คะ)

로드메- 빠이치앙마이 어-ㄱ 끼-모-ㅇ 크랍(카)

④ 버스의 이용! 2.

❽ 이 버스는 쑤쿰윗거리를 지나갑니까?

❾ 다음 버스는 몇 시에 옵니까?

❿ 몇 시간 걸립니까?

⓫ 어디에서 갈아타야 합니까?

⓬ 몇 정거장 갑니까?

⓭ 어디에서 내리면 됩니까?

⓮ 여기서 내려(세워) 주십시오.

9. 교통수단

❽ รถคันนี้ผ่านถนนสุขุมวิทไหมครับ(คะ)

로ㄷ칸니- 파-ㄴ 타논쑤쿰윗ㄷ 마이 크랍(카)

❾ รถเมล์เที่ยวหน้าจะมากี่โมงครับ(คะ)

로ㄷ메- 티여우나- 짜 마- 끼-모-ㅇ 크랍(카)

❿ ใช้เวลากี่ชั่วโมงครับ(คะ)

차이 웨-ㄹ라- 끼- 추어모-ㅇ 크랍(카)

⓫ เปลี่ยนรถเมล์ที่ไหนครับ(คะ)

쁠리-안 로ㄷ메- 티-나이 크랍(카)

⓬ ไปกี่ป้ายครับ(คะ)

빠이 끼-빠-이 크랍(카)

⓭ ลงที่ไหนครับ(คะ)

롱 티-나이 크랍(카)

⓮ จอดตรงนี้หน่อยครับ(ค่ะ)

쩌-ㄷ 뜨롱니- 너-이 크랍(카)

❺ 선박의 이용!

❶ 배로 가고 싶습니다.

❷ 1등선실을 예약하고 싶습니다.

❸ 싸무이섬까지 가는 배는 어디서 탑니까?

❹ 승선시간은 몇 시 입니까?

❺ 언제 출항합니까?

❻ 몇 시간 걸립니까?

❼ 뱃멀미가 좀 납니다.

9. 교통수단

❶ อยากไปทางเรือครับ(ค่ะ)
야-ㄱ 빠이 타-ㅇ 르-어 크랍(카)

❷ อยากจองตั๋วชั้นหนึ่งครับ(ค่ะ)
야-ㄱ 쩌-ㅇ 뚜어 찬능 크랍(카)

❸ ลงเรือไปเกาะสมุยที่ไหนครับ(คะ)
롱 르-어 빠이 꺼싸무이 티-나이 크랍(카)

❹ ลงเรือกี่โมงครับ(คะ)
롱 르-어 끼-모-ㅇ 크랍(카)

❺ ออกกี่โมงครับ(คะ)
어-ㄱ 끼-모-ㅇ 크랍(카)

❻ ใช้เวลากี่ชั่วโมงครับ(คะ)
차이 웨-ㄹ라- 끼-추어모-ㅇ 크랍(카)

❼ รู้สึกเมาเรือนิดหน่อยครับ(ค่ะ)
루-쏙 마오 르-어 니ㄷ너-이 크랍(카)

빠르게 찾고 쉽게 말하는 여행회화! 여러분의 여행을 보다 즐겁고 편안하게 만들어 드립니다!!

6 지상철의 이용!

❶ 이 근처에 지상철역이 있습니까?

❷ 여기에서 가장 가까운 역은 어디입니까?

❸ 어디에서 표를 삽니까?

❹ 지상철 노선표 한 장 주십시오.

❺ 지상철 표 한 장 주십시오.

❻ 박물관은 어떻게 갑니까?

❼ 국립도서관을 가려면 어디에서 갈아탑니까?

9. 교통수단

❶ แถวนี้มีสถานีรถไฟฟ้าไหมครับ(คะ)

태-우니- 미- 싸타-니-로드화이화-마이크랍(카)

❷ สถานีใกล้ที่สุดจากที่นี่อยู่ที่ไหนครับ(คะ)

싸타-니-끌라이티-쑤ㄷ짜-ㄱ티-니-유-티-나이크랍(카)

❸ ซื้อตั๋วที่ไหนครับ(คะ)

쓰- 뚜어 티-나이 크랍(카)

❹ ขอแผนที่สายรถไฟฟ้าหนึ่งใบครับ(ค่ะ)

커- 패-ㄴ티-싸-이 로ㄷ화이화- 능바이 크랍(카)

❺ ขอตั๋วหนึ่งใบครับ(ค่ะ)

커- 뚜어능바이 크랍(카)

❻ ไปพิพิธภัณฑ์อย่างไรครับ(คะ)

빠이 피피ㄷ타판 야-ㅇ라이 크랍(카)

❼ ไปหอสมุดแห่งชาติเปลี่ยนรถที่ไหนครับ(คะ)

빠이허-싸문해-ㅇ차ㄷ쁠리안로ㄷ티-나이크랍(카)

빠르게 찾고 쉽게 말하는 여행회화! 여러분의 여행을 보다 즐겁고 편안하게 만들어 드립니다!!

❼ 택시의 이용!

❶ 택시는 어디에서 탑니까?

❷ (메모를 보이면서) 이 주소로 가 주십시오.

❸ 오리엔탈호텔로 가주세요.

❹ 수상시장까지 요금이 얼마정도 나옵니까?

❺ 거기까지 가는 데 얼마나 걸립니까?

❻ 빨리 좀 가 주세요. 좀 늦었는데요.

❼ 요금은 얼마입니까?

9. 교통수단

❶ ขึ้นรถแท็กซี่ที่ไหนครับ(คะ)

큰 로ㄷ 택씨- 티-나이 크랍(카)

❷ ไปที่นี่หน่อยครับ(ค่ะ)

빠이 티-니- 너-이 크랍(카)

❸ ไปโรงแรมโอเรียนเต็นครับ(ค่ะ)

빠이 로-ㅇ래-ㅁ 오리안뗀 크랍(카)

❹ ไปตลาดน้ำ ค่าแท็กซี่เท่าไรครับ(คะ)

빠이 딸라-ㄷ남 카- 택씨- 타오라이 크랍(카)

❺ ไปที่นั่นใช้เวลานานเท่าไรครับ(คะ)

빠이티-난 차이웨-ㄹ라-나-ㄴ타오라이 크랍(카)

❻ ช่วยขับเร็ว ๆ หน่อยครับ(ค่ะ) สายแล้ว

추어이캅레우레우너-이 크랍(카) 싸-이래-우

❼ เท่าไรครับ(คะ)

타오라이 크랍(카)

❽ 렌터카의 이용!

❶ 렌터카는 어디에서 빌립니까?

❷ 차를 빌리고 싶습니다.

❸ 어떤 차종이 있습니까?

❹ 이 차를 하루 쓰고 싶습니다.

❺ 몇 시간 빌리시겠습니까?

❻ 하루에 얼마입니까?

❼ 보증금은 얼마입니까?

9. 교통수단

❶ เช่ารถที่ไหนครับ(คะ)

차오 로ㄷ 티-나이 크랍(카)

❷ อยากเช่ารถครับ(ค่ะ)

야-ㄱ 차오로ㄷ 크랍(카)

❸ มีรถชนิดอะไรบ้างครับ(คะ)

미- 로ㄷ 차니ㄷ 아라이 바-ㅇ 크랍(카)

❹ อยากเช่าคันนี้หนึ่งวันครับ(ค่ะ)

야-ㄱ 차오 칸니- 능완 크랍(카)

❺ จะเช่ากี่ชั่วโมงครับ(คะ)

짜 차오 끼-추어모-ㅇ 크랍(카)

❻ วันละเท่าไรครับ(คะ)

완라 타오라이 크랍(카)

❼ ค่ามัดจำเท่าไรครับ(คะ)

카- 만짬 타오라이 크랍(카)

교통수단 관련 단어!

● 철도여행 관련 단어표현

기차역	สถานีรถไฟ	싸타-니-로ㄷ화이
열차	รถไฟ	로ㄷ화이
매표소	ที่ขายตั๋ว	티-카-이뚜어
편도기차표	ตั๋วเที่ยวเดี่ยว	뚜어티여우디여우
왕복기차표	ตั๋วไปกลับ	뚜어빠이끌랍
1등석	ชั้นหนึ่ง	찬능
2등석	ชั้นสอง	찬써-ㅇ
1등 침대차	รถนอนชั้นหนึ่ง	로ㄷ너-ㄴ찬능
2등 침대차	รถนอนชั้นสอง	로ㄷ너-ㄴ찬써-ㅇ
좌석	ที่นั่ง	티-낭
보통열차	รถธรรมดา	로ㄷ탐마다-
급행열차	รถเร็ว	로ㄷ레우
특급열차	รถด่วน	로ㄷ두언

9. 교통수단

● 버스여행 관련 단어표현

남부시외버스터미널	สถานีขนส่งสายใต้	싸타-니-콘쏭싸-이따이
버스정류장	ป้ายรถเมล์	빠-이로ㄷ메-
시내버스	รถปรับอากาศ	로ㄷ쁘랍아-까-ㄷ
관광버스	รถทัวร์	로ㄷ투어
장거리버스	รถโดยสารทางไกล	로ㄷ도이싸-ㄴ타-ㅇ끌라이
요금	ค่ารถ	카로ㄷ

● 선박여행 관련 단어표현

항구	ท่าเรือ	타-르-어
여객선	เรือโดยสาร	르-어도-이싸-ㄴ
갑판	ดาดฟ้าเรือ	다-ㄷ화-르-어
정박하다	จอด	쩌-ㄷ
정박지	ที่จอด	티-쩌-ㄷ

교통수단 관련 단어!

승선표	ตั๋วเรือ	뚜어르-어
선실	ห้องเรือ	허-ㅇ르-어
의무실	ห้องพยาบาล	허-ㅇ파야바-ㄴ
구명튜브	ห่วงชูชีพ	후엉추-치-ㅂ
구명조끼	เสื้อชูชีพ	쓰-어추-치-ㅂ
구명보트	เรือชูชีพ	르-어추-치-ㅂ

◐ 지상철 관련 단어표현

매표구	ช่องขายตั๋ว	처-ㅇ카-이뚜어
입구	ทางเข้า	타-ㅇ카오
출구	ทางออก	타-ㅇ어-ㄱ
플랫홈	ชานชาลา	차-ㄴ차-ㄹ라-
개찰구	ช่องตรวจตั๋ว	처-ㅇ뚜루얻뚜어

◐ 택시 관련 단어표현

택시승차장	ที่ขึ้นรถแท็กซี่	티-큰로ㄷ택씨-

9. 교통수단

택시	แท็กซี่	택씨-
택시기사	คนขับรถแท็กซี่	콘캅로ㄷ택씨-
택시요금	ค่าแท็กซี่	카-택씨-
미터계	เครื่องมิเตอร์	크르엉미뜨ㅓ-
거스름돈	เงินทอน	응으ㅓ-ㄴ터-ㄴ
삼륜차	รถสามล้อ(ตุ๊ก ๆ)	로ㄷ싸-ㅁ러-(뚝뚝)

● 렌터카 관련 단어표현

보증금	ค่ามัดจำ	카-맏짬
임대료	ค่าเช่า	카-차오
계약서	ใบสัญญา	바이싼야-
주유소	ปั้มน้ำมัน	빰남만
가솔린	น้ำมัน	남만
가득 채움	เต็ม	뗌
지도	แผนที่	패-ㄴ티-
고속도로	ทางด่วน	타-ㅇ두언

교통수단 관련 단어!

도로	ถนน	타논
주차장	ที่จอดรถ	티-쩌-ㄷ로ㄷ
일방통행	วันเวย์	완웨-
추월금지	ห้ามแซง	하-ㅁ쌔-ㅇ
통행금지	ห้ามผ่าน	하-ㅁ파-ㄴ
주차금지	ห้ามจอด	하-ㅁ쩌-ㄷ
오토바이	มอเตอร์ไซค์	머뜨ㅓ싸익
신호등	สัญญาณไฟ	싼야-ㄴ화이
서행	ขับช้า ๆ	캅차-차-
안전벨트	เข็มขัดนิรภัย	켐카ㄷ니라파이
사거리	สี่แยก	씨-예-ㄱ
육교	สะพานลอย	싸파-ㄴ러-이
자동차사고보험	ประกันภัยรถยนต์	쁘라깐파이로ㄷ욘
운전면허증	ใบขับขี่	바이캅키-
국제면허증	ใบขับขี่นานาชาติ	바이캅키-나-나-차-ㄷ

10. 관광하기!

❶ 관광안내소 정보!

방콕을 비롯한 태국의 여러 도시들의 관광은 우리들에게 지금까지 느껴보지 못한 새로운 세계를 경험하게 해 줄 것입니다. 태국 관광 정보에 대한 것은 공항내 입국자 라운지내의 위치한 태국정부관광청이나 본청 또는 주요 관광지에 위치한 TAT관광안내소에서 문의가 가능합니다. 태국에서는 왕궁이나 불상등이 신성한 것으로 여겨지고 있으므로 사진 촬영시에 불상에 함부로 올라간다거나 왕궁 방문시에 반바지및 어깨없는 상의 차림과 슬리퍼 착용 등의 행동은 하지 말아야겠습니다.

빠르게 찾고 쉽게 말하는 여행회화! 여러분의 여행을 보다 즐겁고 편안하게 만들어 드립니다!!

관광 정보 및 상식!

❷ 주요 관광 명소

● 왕궁(Grand Palace)과
에메랄드 사원(Temple of Emerald Buddha)

방콕의 차오프라야 강의 우측 연안에는 왕궁과 왓프라케오를 비롯한 여러 사원들이 있는데, 이곳은 태국의 정치, 종교, 문화의 중심지로서 태국을 방문한 사람이라면 꼭 둘러봐야 할 명소입니다. 왕궁과 에메랄드 불상이 있는 왓프라케오 주변은 높이 치솟은 궁전과 금박으로 화려하게 장식된 사원들이 모여 있어서 이국적이면서 환상적인 정취를 자아냅니다. 오전 08:30~16:00까지 개장되며 입장료는 200B입니다.

● 왓포(Wat Pho)

왕궁 남쪽에 위치하며 방콕에서 가장 오래되었고 규모도 가장 큰 사원인 왓포에는 금동좌상 부처가 394개가 있는데 그 중에서도 길이 46m, 높이 15m의 거대한 와불상으로 유명합니다.

● 왓 아룬(Wat Arun)

일명 '새벽의 사원'이라고 불리우는 이 탑은 높이가 79m나 되어서 도시의 주요한 지리적 표지물 중 하나입니다. 새벽의 사원이라는 말 그대로 아침 해가 떠오를 때에 반짝이는 모습이 무척 아름답습니다.

● 치앙마이(Chiang Mai)

방콕에서 북서쪽으로 700km 정도 떨어진 치앙마이는 태국에서 두번째로 큰 도시이며, 풍부한 문화 자산과 산악 지역으로의 트레킹으로 세계적인 관광 명소입니다. 치앙마이까지는

10. 관광하기!

화람퐁 역에서 기차로 14시간 정도, 방콕의 북버스 터미널에서 버스로 약 10시간, 비행기로 1시간 10분 정도 걸립니다. 이곳의 관광 명소로는 왓치앙만(Wat Chiang Man)과 왓수안독(Wat Suandok)같은 사원들과 국립 박물관, 코끼리 훈련장, 그 밖에 수공예품을 생산하는 마을 등이 있습니다. 치앙마이는 트레킹 관광으로도 유명한데 트레킹을 하기전에 먼저 치앙마이 대학 내의 부족 연구소에서 각 부족에 대한 정보를 구한 후 트레킹 관광 대리점에서 신청하도록 합니다.

● **파타야(Pattaya)**
방콕에서 타이 만을 따라 150km 정도 남쪽으로 떨어진 곳에 위치한 파타야는 '아시아 휴양지의 여왕'이라 불릴만큼 세계적으로 유명한 아시아의 대표적인 휴양지입니다. 원래는 조그마한 어촌에 불과했으나 베트남 전쟁 이후 조금씩 관광객이 늘어나 지금의 파타야가 되었습니다. 파타야까지는 방콕 돈무항 공항에서 비행기로 3시간, 동버스 터미널에서 버스로 약 2시간, 화람퐁 역에서 기차로 3시간 정도 걸립니다. 주요 관광지로는 란 섬과 좀티엔 해변, 원숭이 훈련소와 코끼리 빌리지, 미니 사이암 등이 있으며 특히 란섬에는 수상스키, 윈드서핑, 수상스쿠터, 패러세일링, 스노클링 등의 각종 해양 스포츠를 즐길 수 있습니다. 또한 이곳은 싱싱한 해물요리가 일품인데 여러 종류의 생선과 새우, 게 등을 즉석에서 요리해 먹을 수 있습니다.

● **푸켓(Phuket)**
제 2의 파타야라고 불리는 푸켓은 태국 최대의 섬으로서 인도양에 위치하고 있습니다. 푸켓까지는 방콕 남버스 터미널에서 버스로 14시간, 방콕에서 비행기로는 1시간 15분 정도 걸리며 기차로 가려면 화람퐁역에서 출발하여 수랏타니에서 버스로 갈아타야 합니다. 주요 관광지로는 파통 해변과 랑힐, 푸켓 수족관, 타이 빌리지 등이 있으며 여러가지 해양 스포츠도 즐길 수 있습니다.

빠르게 찾고 쉽게 말하는 여행회화! 여러분의 여행을 보다 즐겁고 편안하게 만들어 드립니다!!

① 관광의 시작!

❶ 관광안내소는 어디 있습니까?

❷ 여행안내서를 주십시오.

❸ 여행하기 좋은 곳을 말씀해 주세요.

❹ 방콕 시내지도 있습니까?

❺ 어디에서 출발합니까?

❻ 한 사람에 얼마입니까?

❼ 하루에 얼마입니까?

10. 관광하기!

❶ แผนกแนะนำสถานที่ท่องเที่ยวอยู่ที่ไหน ครับ(คะ)

파내-ㄱ내남싸타-ㄴ티-터-ㅇ티여우유-티-나이크랍(카)

❷ ขอหนังสือท่องเที่ยวหน่อยครับ(ค่ะ)

커- 낭쓰- 터-ㅇ티여우 너-이 크랍(카)

❸ ช่วยแนะนำสถานที่น่าท่องเที่ยวหน่อย ครับ(ค่ะ)

추어이내남싸타-ㄴ티-나-터-ㅇ티여우너-이크랍(카)

❹ มีแผนที่กรุงเทพไหมครับ(คะ)

미-패-ㄴ티- 끄룽텝 마이 크랍(카)

❺ ออกจากที่ไหนครับ(คะ)

어-ㄱ 짜-ㄱ 티-나이 크랍(카)

❻ คนละเท่าไรครับ(คะ)

콘라 타오라이 크랍(카)

❼ วันละเท่าไรครับ(คะ)

완라 타오라이 크랍(카)

❷ 길 물어보기! 1.

❶ 실례합니다. 길을 잃었습니다.

❷ 여기가 어디입니까?

❸ 여기가 무슨 거리입니까?

❹ 어느 쪽이 북쪽입니까?

❺ 여기서 어떻게 갑니까?

❻ 여기서 가까운 화장실은 어디에 있습니까?

❼ 한국대사관이 어디 있는지 아십니까?

10. 관광하기!

❶ ขอโทษครับ(ค่ะ) หลงทาง
커-토-ㄷ 크랍(카) 롱타-ㅇ

❷ ที่นี่ที่ไหนครับ(คะ)
티-니- 티-나이 크랍(카)

❸ ที่นี่ถนนอะไรครับ(คะ)
티-니- 타논 아라이 크랍(카)

❹ ทางไหนเป็นทิศเหนือครับ(คะ)
타-ㅇ나이 뻬ㄴ 티드느-어 크랍(카)

❺ จากที่นี่ไปอย่างไรครับ(คะ)
짜-ㄱ 티-니- 빠이 야-ㅇ라이 크랍(카)

❻ ห้องน้ำที่ใกล้จากที่นี่อยู่ที่ไหนครับ(คะ)
허-ㅇ 남티-끌라이짜-ㄱ티-니-유-티-나이크랍(카)

❼ สถานทูตเกาหลีอยู่ที่ไหนครับ(คะ)
싸타-ㄴ투-ㄷ까올리- 유- 티-나이 크랍(카)

빠르게 찾고 쉽게 말하는 여행회화! 여러분의 여행을 보다 즐겁고 편안하게 만들어 드립니다!!

❸ 길 물어보기! 2.

❽ 여기서 멉니까?

❾ 얼마나 걸릴까요?

❿ 그곳은 버스로 갈 수 있습니까?

⓫ 어떻게 가야 합니까?

⓬ 저는 이곳이 초행입니다.

⓭ 여기에 약도를 그려 주십시오.

⓮ 길 안내 좀 해주세요.

10. 관광하기!

❽ ไกลจากที่นี่ไหมครับ(คะ)

끌라이 짜-ㄱ 티-니- 마이 크랍(카)

❾ ใช้เวลานานเท่าไรครับ(คะ)

차이 웨-ㄹ라- 나-ㄴ 타오라이 크랍(카)

❿ ที่นั่น ไปรถเมล์ได้ไหมครับ(คะ)

티-난 빠이 로ㄷ메- 다이 마이 크랍(카)

⓫ ไปอย่างไรครับ(คะ)

빠이 야-ㅇ라이 크랍(카)

⓬ ผม(ดิฉัน)มาที่นี่เป็นครั้งแรกครับ(ค่ะ)

폼(디찬) 마-티-니- 뻬ㄴ 크랑래-ㄱ 크랍(카)

⓭ ช่วยเขียนแผนที่ให้หน่อยครับ(ค่ะ)

추어이 키-안 패-ㄴ티- 하이 너-이 크랍(카)

⓮ ช่วยนำทางให้หน่อย ครับ(ค่ะ)

추어이 남타-ㅇ 하이 너-이 크랍(카)

❹ 기념사진 찍기!

❶ 사진 좀 찍어주세요.

❷ 이 셔터를 누르시기만 하면 돼요.

❸ 됐습니다. 찍으세요.

❹ 그럼 찍습니다.

❺ 한 장 더 부탁합니다.

❻ 여기서 사진을 찍어도 됩니까?

❼ 함께 사진을 찍을 수 있을까요?

10. 관광하기!

❶ ช่วยถ่ายรูปให้หน่อยครับ(ค่ะ)

추어이 타-이루-ㅂ 하이 너-이 크랍(카)

❷ กดปุ่มนี้นะครับ(ค่ะ)

꼬ㄷ 뿜니- 나 크랍(카)

❸ โอเค ถ่ายได้แล้วครับ(ค่ะ)

오-케- 타-이 다이 래-우 크랍(카)

❹ จะถ่ายนะครับ(ค่ะ)

짜 타-이 나 크랍(카)

❺ ขออีกรูปหนึ่งครับ(ค่ะ)

커- 이-ㄱ 루-ㅂ능 크랍(카)

❻ ถ่ายที่นี่ได้ไหมครับ(คะ)

타-이 티-니- 다이 마이 크랍(카)

❼ ถ่ายด้วยกันได้ไหมครับ(คะ)

타-이 두어이깐 다이 마이 크랍(카)

관광 관련 단어!

● 사진 관련 단어표현

현상하다	ล้างรูป	라-ㅇ 루-ㅂ
인화하다	อัดรูป	아ㄷ 루-ㅂ
컬러필름	ฟิล์มสี	휘-ㅁ 씨-
흑백필름	ฟิล์มขาวดำ	휘-ㅁ 카-우 담
사진촬영 금지	ห้ามถ่ายรูป	하-ㅁ 타-이 루-ㅂ
사진기	กล้องถ่ายรูป	끌러-ㅇ 타-이 루-ㅂ
건전지	ถ่าน	타-ㄴ

● 관광 관련 단어표현

관광	การท่องเที่ยว	까-ㄴ 터-ㅇ 티여우
관광지	สถานที่ท่องเที่ยว	싸타-ㄴ 티- 터-ㅇ 티여우
사원	วัด	와ㄷ
박물관	พิพิธภัณฑ์	피피ㄷ타판
전시회	นิทรรศการ	니타ㄷ싸까-ㄴ
전시장	ห้องนิทรรศการ	허-ㅇ 니타ㄷ싸싸까-ㄴ

10. 관광하기!

화랑	ห้องแสดงภาพ	허-ㅇ싸대-ㅇ파-ㅂ
가이드	ไกด์	까이
동물원	สวนสัตว์	쑤언싸ㄷ
식물원	สวนพฤกษศาสตร์	쑤언프륵싸-ㄷ
고적지	โบราณสถาน	보-라-ㄴ싸타-ㄴ
교통지도	แผนที่จราจร	패-ㄴ티-짜라-쩌-ㄴ
시내	ในเมือง	나이므-엉
교외	นอกเมือง	너-ㄱ므-엉
공원	สวน	쑤언
기념품	ของที่ระลึก	커-ㅇ티-랄륵
일정	กำหนดการ/โปรแกรม	깜노ㄷ까-ㄴ/쁘로-끄래-ㅁ
해변	ชายทะเล	차-이탈레-
섬	เกาะ	꺼
안내책자	หนังสือคู่มือ	낭쓰-쿠-므-
지방	ต่างจังหวัด	따-ㅇ짱와ㄷ

빠르게 찾고 쉽게 말하는 여행회화! 여러분의 여행을 보다 즐겁고 편안하게 만들어 드립니다!!

관광 관련 단어!

시내관광 관련 단어표현

이쪽	ทางนี้	타-ㅇ 니-
저쪽	ทางโน้น	타-ㅇ 노-ㄴ
앞쪽	ข้างหน้า	카-ㅇ 나-
뒤쪽	ข้างหลัง	카-ㅇ 랑
옆쪽	ข้าง ๆ	카-ㅇ 카-ㅇ
안쪽	ข้างใน	카-ㅇ 나이
바깥쪽	ข้างนอก	카-ㅇ 너-ㄱ
오른쪽	ทางขวา	타-ㅇ 콰-
왼쪽	ทางซ้าย	타-ㅇ 싸-이
곧장	ตรง	뜨롱
경찰서	สถานีตำรวจ	싸타-니- 땀루얻
보도	ทางเดิน	타-ㅇ 드ㅓ-ㄴ
횡단보도	ทางม้าลาย	타-ㅇ 마-라-이
사거리	สี่แยก	씨- 예-ㄱ
구획	เขต	케-ㄷ

194

10. 관광하기!

버스정류장	ป้ายรถเมล์	빠-이로ㄷ메-
택시승차장	ที่ขึ้นแท็กซี่	티-큰택씨-
지상철역	สถานีรถไฟฟ้า	싸타-니-로ㄷ화이화-
기차역	สถานีรถไฟ	싸타-니로ㄷ화이
시장	ตลาด	딸라-ㄷ
백화점	ห้างสรรพสินค้า	하-ㅇ쌉파씬카-
상점	ร้านขายของ	라-ㄴ카-이커-ㅇ
광장	สนามหลวง	싸나-ㅁ루-엉
시내중심가	ใจกลางเมือง	짜이끌라-ㅇ므-엉
주의!	ระวัง	라왕
위험!	อันตราย	안따라-이
경고!	เตือน	뜨-언
안내소	แผนกติดต่อสอบถาม	파내-ㄱ띠ㄷ떠-써-ㅂ타-ㅁ
계단이용!	ใช้บันได	차이반다이
고장!	เสีย	씨-아

빠르게 찾고 쉽게 말하는 여행회화! 여러분의 여행을 보다 즐겁고 편안하게 만들어 드립니다!!

❺ 공연의 관람! 1.

❶ 몇 시 표가 있습니까?

❷ 입장료는 얼마입니까?

❸ 외국인 표 한 장 주십시오.

❹ 가장 싼 좌석으로 2장 주십시오.

❺ 오늘 좌석이 아직 있습니까?

❻ 영화관은 어디에 있습니까?

❼ 지금은 무슨 공연을 하고 있습니까?

10. 관광하기!

❶ มีตั๋วรอบกี่โมงครับ(คะ)
미- 뚜어 러-ㅂ끼-모-ㅇ 크랍(카)

❷ ค่าตั๋วเท่าไรครับ(คะ)
카- 뚜어 타오라이 크랍(카)

❸ ขอตั๋วสำหรับชาวต่างชาติหนึ่งใบครับ(ค่ะ)
커- 뚜어삼랍 차-우따-ㅇ차-ㄷ 능바이 크랍(카)

❹ ขอตั๋วที่ถูกที่สุดสองใบครับ(ค่ะ)
커- 뚜어 티-투-ㄱ 티-쑤ㄷ 써-ㅇ바이 크랍(카)

❺ ยังมีตั๋วอีกไหมครับ(คะ)
양미- 뚜어 이-ㄱ 마이 크랍(카)

❻ โรงหนังอยู่ที่ไหนครับ(คะ)
로-ㅇ낭 유- 티-나이 크랍(카)

❼ ตอนนี้มีการแสดงอะไรบ้างครับ(คะ)
떠-ㄴ니- 미-까-ㄴ싸대-ㅇ 아라이바-ㅇ 크랍(카)

❻ 공연의 관람! 2.

❽ 볼만한 공연은 무엇입니까?

❾ 출연진은 누구입니까?

❿ 며칠까지 상연합니까?

⓫ 입구는 어디입니까?

⓬ 공연은 몇 시에 시작합니까?

⓭ 몇 시에 끝납니까?

⓮ 팜플렛이 있습니까?

10. 관광하기!

❽ การแสดงที่น่าชมมีอะไรบ้างครับ(คะ)
까-ㄴ싸대-ㅇ 티- 나-촘 미- 아라이 바-ㅇ 크랍(카)

❾ นักแสดงมีใครบ้างครับ(คะ)
낙싸대-ㅇ 미- 크라이 바-ㅇ 크랍(카)

❿ แสดงถึงวันที่เท่าไรครับ(คะ)
싸대-ㅇ 트ㅇ 완티-타오라이 크랍(카)

⓫ ทางเข้าอยู่ที่ไหนครับ(คะ)
타-ㅇ카오 유- 티-나이 크랍(카)

⓬ เริ่มกี่โมงครับ(คะ)
르ㅓ-ㅁ 끼-모-ㅇ 크랍(카)

⓭ เลิกกี่โมงครับ(คะ)
르ㅓ-ㄱ 끼-모-ㅇ 크랍(카)

⓮ มีแผนพับไหมครับ(คะ)
미- 패-ㄴ팝 마이 크랍(카)

7 나이트 클럽!

❶ 디스코텍에 가고 싶습니다.

❷ 근처에 디스코텍이 있습니까?

❸ 몇 시에 엽니까?

❹ 입장료는 얼마입니까?

❺ 어떤 술을 팝니까?

❻ 음료수 값은 별도입니까?

❼ 저와 춤추시겠습니까?

10. 관광하기!

❶ อยากไปดิสโก้เธคครับ(ค่ะ)
야-ㄱ빠이 디쓰꼬-텍 크랍(카)

❷ แถวนี้มีดิสโก้เธคไหมครับ(ค่ะ)
태-우니- 미-디쓰꼬-텍 마이 크랍(카)

❸ เปิดกี่โมงครับ(คะ)
쁘ㅓ-ㄷ 끼-모-ㅇ 크랍(카)

❹ ค่าผ่านประตูเท่าไรครับ(คะ)
카- 파-ㄴ 쁘라뚜- 타오라이 크랍(카)

❺ มีเหล้าอะไรขายบ้างครับ(คะ)
미- 라오 아라이 카-이 바-ㅇ 크랍(카)

❻ ค่าเครื่องดื่มจ่ายต่างหากหรือครับ(คะ)
카- 크르엉드-ㅁ 짜-이 따-ㅇ하-ㄱ 르- 크랍(카)

❼ เต้นรำกับผม(ดิฉัน)ได้ไหมครับ(คะ)
떼-ㄴ람 깝 폼(디찬) 다이 마이 크랍(카)

빠르게 찾고 쉽게 말하는 여행회화! 여러분의 여행을 보다 즐겁고 편안하게 만들어 드립니다!!

❽ 스포츠 즐기기!

❶ 어떤 운동을 좋아하십니까?

❷ 야구를 제일 좋아합니다.

❸ 골프 클럽에 들고 싶습니다.

❹ 내 취미는 수영입니다.

❺ 축구 시합을 보고 싶습니다.

❻ 누구와 누가 시합합니까?

❼ 낚시하러 가고 싶습니다.

10. 관광하기!

❶ คุณชอบกีฬาอะไรครับ(ค่ะ)
쿤 처-ㅂ 끼-ㄹ라- 아라이 크랍(카)

❷ ชอบเบสบอลมากที่สุดครับ(ค่ะ)
처-ㅂ 베-ㄷ버-ㄴ 마-ㄱ 티-쑤ㄷ 크랍(카)

❸ อยากเข้าสมาคมกอล์ฟครับ(ค่ะ)
야-ㄱ 카오 싸마-콤꺼-ㅂ 크랍(카)

❹ งานอดิเรกของผม(ดิฉัน)คือว่ายน้ำครับ(ค่ะ)
응아-ㄴ아디레-ㄱ 폼(디찬) 크-와-이남 크랍(카)

❺ อยากชมการแข่งขันฟุตบอลครับ(ค่ะ)
야-ㄱ 촘 까-ㄴ캐-ㅇ칸 후ㄷ버-ㄴ 크랍(카)

❻ ใครแข่งกับใครครับ(คะ)
크라이 캐-ㅇ 깝 크라이 크랍(카)

❼ อยากไปตกปลาครับ(ค่ะ)
야-ㄱ 빠이 똑쁠라- 크랍(카)

오락 관련 단어!

● 오락 관련 단어표현

음악회	คอนเสิร์ท	커-ㄴ쓰ㅓ-ㄷ
음악당	ห้องคอนเสิร์ท	허-ㅇ커-ㄴ쓰ㅓ-ㄷ
연극	ละคร	라커-ㄴ
뮤지컬	ละครเพลง	라커-ㄴ플레-ㅇ
오페라	โอเปร่า	오-뻬라-
영화	หนัง/ภาพยนต์	낭/파-ㅂ파욘
영화관	โรงหนัง/โรงภาพยนต์	
	로-ㅇ낭/로-ㅇ파-ㅂ파욘	
극장	โรงละคร	로-ㅇ라커-ㄴ
야외극장	โรงละครกลางแจ้ง	
	로-ㅇ라커-ㄴ끌라-ㅇ째-ㅇ	
매표소	ช่องขายตั๋ว	처-ㅇ카-이뚜어
예매권	ตั๋วจองล่วงหน้า	뚜어쩌-ㅇ루엉나-
어른	ผู้ใหญ่	푸-야이
어린이	เด็ก	덱

10. 관광하기!

학생	นักเรียน	낙리-안
별실	ห้องพิเศษ	허-ㅇ 피쎄-ㄷ
만원	เต็ม	뗌
공연	การแสดง	까-ㄴ 싸대-ㅇ
휴식시간	เวลาพัก	웨-ㄹ라-팍

● 스포츠 관련 단어표현

축구	ฟุตบอล	후ㄷ버-ㄴ
야구	เบสบอล	베-ㄷ버-ㄴ
수영	ว่ายน้ำ	와-이남
수영장	สระว่ายน้ำ	싸와-이남
테니스	เทนนิส	테-ㄴ니ㄷ
테니스 코트	สนามเทนนิส	싸나-ㅁ 테-ㄴ니ㄷ
권투	มวยสากล	무어이싸-꼰
킥복싱	มวยไทย	무어이타이

오락 관련 단어!

등산	ปีนเขา	삔카오
낚시	ตกปลา	똑쁠라-
보트	เรือโบ๊ต	르-어보-ㄷ
스키	สกี	싸끼-
농구	บาสเกตบอล	바-ㄷ께-ㄷ버-ㄴ
배구	วอลเลย์บอล	워-ㄹ레-버-ㄴ
포켓볼	สนุกเกอร์	싸눅끄ㅓ-
골프	กอล์ฟ	꺼-ㅂ
골프장	สนามกอล์ฟ	싸나-ㅁ꺼-ㅂ

11. 사고상황의 대처!

❶ 문제상황의 발생!

어느 나라에서든 소매치기와 도난 사고가 자주 있으므로 야간에 역 주변을 혼자 배회하는 등의 행동은 삼가하는 것이 좋습니다. 빈번하게 도난사고가 일어나는 장소로는 주로 공항과 역 주변, 인적이 드문 화장실과 코인 로커, 기차 안 등입니다. 짐이 여러개일 경우에는 도난당하기 쉬우므로 조심하고 여권과 현금은 남의 눈에 띄지 않도록 보관합니다. 또 야간 버스나 기차를 탑승할 경우 혼자서 이용하지 않도록 하며 모르는 사람이 주는 과자나 음료수 등은 먹지 않도록 합니다. 수면제가 들어 있을 수 있습니다. 그리고 현지에서 사고가 났을 경우에는 책임 추궁의 소지가 있으므로 먼저 '미안하다' 라고 말하지 않도록 합니다.

분실, 도난, 사고?

외국 여행시 분실 도난사고에 대비해서 다음의 것들을 메모하여 따로 보관하도록 합니다.
- **여권과 비자** - 여권 번호, 발행일, 발행지, 유효 기간, 여행지의 한국공관 연락처 (사진이 있는 부분을 복사해 둠)
- **여행자 수표** - 수표의 일련 번호, 구입일, 한국과 현지의 은행 연락처
- **신용 카드** - 카드 번호, 한국과 현지의 발급처와 분실 신고 연락처
- **해외 여행자 보험** - 보험증 번호, 계약 연월일
- **항공권** - 항공권 번호, 발행일, 한국과 현지의 항공사 연락처

❷ 분실 도난사고시!

ⓐ **여권을 분실했을 때 :**

여권을 분실해 재발급을 받으려면 상당한 시간이 소요됩니다. 전체 여행에 차질을 빚을 수 있으므로 가능한 한 빨리 한국대사관이나 총영사관에 연락한 후 '여행자증명서'를 발급 받도록 합니다. 여권 및 여행자 증명서를 재발급 받기 위한 구비서류로는 ① 여권 도난 / 분실 증명서 (현지 경찰 발급), ② 일반여권 재발급신청서 2통, ③ 신분증, ④ 사진 2매, ⑤ 분실한 여권의 번호와 교부일자 등을 준비해야 합니다.

ⓑ **여행자수표를 분실했을 때 :**

재발행은 두 번째의 사인을 하지 않은 미사용분만 가능합니다. 재발행을 위해서는 ① 분실증명서(경찰서에서 발급), ② 발행 증명서(구입시 은행에서 준 것), ③ 여권이나 운전면허증 등의 신분증을 지참하고 발행 은행의 현지 지점으로 가시면 됩니다.

11. 사고상황의 대처

ⓒ 항공권을 분실했을 때 :

발권 항공사의 대리점으로 가서 재발급 신청을 합니다. ① 항공권번호, ② 발권일자, ③ 구간, ④ 복사본이 있으면 편리하며, 소요시간은 약 1주일정도 걸립니다. 시간이 촉박할 때는 일단 새로 비행기표를 사고, 나중에 환불 받는 방법을 취하도록 합니다.

ⓓ 크레디트카드를 분실했을 때 :

카드발행회사에 즉시 신고합니다. 보통 지갑과 함께 잃어버려 현금과 다른 신분증을 함께 잃어 버리는 경우가 많은데 이를 위해 현금과 카드는 분산해서 소지하고 한국으로부터 송금받을 경우에 대해서도 대비를 하도록 합니다.

ⓔ 배낭 또는 기타 물건을 분실했을 때 :

가방을 분실하거나 도난 당했을 경우, 인근 경찰서에서 분실 증명서를 발급 받아야 합니다. 보험 가입자의 경우 귀국 후 보험청구시에 반드시 필요한 서류가 됩니다. 그리고 항공기의 운송사고의 경우는 사고보상에 따른 일체를 항공사가 배상합니다.

❸ 질병에 대한 대비

태국은 열대성 기후인 자연환경때문에 장티푸스, 이질, 콜레라, 말라리아 등의 여러가지 열대성 전염병이 자주 발생하는 지역입니다. 따라서 평소 몸이 약한 사람은 여행을 떠나기 전에 미리 예방접종을 하고, 현지에서도 끓인 음식과 생수를 먹도록 합니다.

① 분실사고시! 1.

❶ 여권을 분실했습니다.

❷ 여행자 수표를 분실했습니다.

❸ 기차에 가방을 놓고 내렸습니다.

❹ 한국어가 가능한 직원을 불러주십시오.

❺ 어제 지상철에서 소매치기 당했습니다.

❻ 한국대사관에 연락해 주십시오.

❼ 한국대사관은 어떻게 갑니까?

11. 사고상황의 대처

❶ ทำหนังสือเดินทางหายครับ(ค่ะ)
   탐 낭쓰-드ㅓ-ㄴ타-ㅇ 하-이 크랍(카)

❷ ทำเช็คเดินทางหายครับ(ค่ะ)
   탐 첵드ㅓ-ㄴ타-ㅇ 하-이 크랍(카)

❸ ผม(ดิฉัน)ลืมกระเป๋าทิ้งไว้ในรถไฟครับ(ค่ะ)
   폼(디찬)르-ㅁ끄라빠오팅와이나이로ㄷ화이크랍(카)

❹ กรุณาเรียกคนที่พูดภาษาเกาหลีไหมครับ(คะ)
   까루나-리-악콘 티-푸-ㄷ파-싸-까올리-다이 마이 크랍(카)

❺ เมื่อวานถูกล้วงกระเป๋าในรถไฟฟ้าครับ(ค่ะ)
   므-어와-ㄴ투-ㄱ루-엉끄라빠오나이로ㄷ화이화-크랍(카)

❻ กรุณาติดต่อสถานทูตเกาหลีครับ(ค่ะ)
   까루나-띠ㄷ떠- 싸타-ㄴ투-ㄷ까올리- 크랍(카)

❼ ไปสถานทูตเกาหลีอย่างไรครับ(คะ)
   빠이싸타-ㄴ투-ㄷ까올리- 야-ㅇ라이 크랍(카)

❷ 분실사고시! 2.

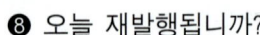

❽ 오늘 재발행됩니까?

❾ 어디서 그것을 재발행 받을 수 있습니까?

❿ 재발행이 가능합니까?

⓫ 분실물에 대해선 어디에 물어봐야 합니까?

⓬ 분실물 신고 센터가 어디에 있습니까?

⓭ 이 전화번호로 연락주세요.

⓮ 어디로 찾으러 가면 되죠?

11. สถานการณ์ฉุกเฉิน

❽ ออกให้ใหม่วันนี้ได้ไหมครับ(คะ)
어-ㄱ하이마이 완니- 다이 마이 크랍(카)

❾ ออกให้ใหม่ที่ไหนครับ(คะ)
어-ㄱ하이마이 티-나이 크랍(카)

❿ ออกให้ใหม่ได้ไหมครับ(คะ)
어-ㄱ하이마이 다이 마이 크랍(카)

⓫ เมื่อของหาย สอบถามได้ที่ไหนครับ(คะ)
므-어커-ㅇ 하-이써-ㅂ타-ㅁ 다이티-나이크랍(카)

⓬ แผนกแจ้งความของหายอยู่ที่ไหนครับ(คะ)
파내-ㄱ째-ㅇ콰-ㅁ커-ㅇ 하-이유-티-나이크랍(카)

⓭ ติดต่อเบอร์นี้นะครับ(ค่ะ)
띠ㄷ떠- 브ㅓ-니- 나 크랍(카)

⓮ ไปรับของที่ไหนครับ(คะ)
빠이랍 커-ㅇ 티-나이 크랍(카)

❸ 사고의 신고!

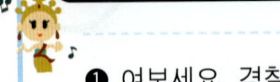

❶ 여보세요. 경찰서죠?

❷ 경찰서 좀 대 주세요.

❸ 제 지갑을 소매치기 당했어요.

❹ 자동차 사고를 신고하고자 합니다.

❺ 화재발생 신고를 하려 합니다.

❻ 앰뷸런스를 좀 불러주세요.

❼ 그의 머리에서 피가 납니다.

11. 사고상황의 대처

❶ ฮัลโหล สถานีตำรวจใช่ไหมครับ(คะ)
한로- 싸타-니-땀루얻 차이마이 크랍(카)

❷ ต่อสายสถานีตำรวจให้หน่อยครับ(ค่ะ)
떠- 싸-이 싸타-니-땀루얻 하이 너-이 크랍(카)

❸ ผม(ดิฉัน)ถูกล้วงกระเป๋าครับ(ค่ะ)
폼(디찬) 투-ㄱ루-엉 끄라빠오 크랍(카)

❹ จะแจ้งความอุบัติเหตุรถชนครับ(ค่ะ)
짜 째-ㅇ콰-ㅁ 우받띠헤-ㄷ 로ㄷ촌 크랍(카)

❺ จะแจ้งความไฟไหม้ครับ(ค่ะ)
짜 째-ㅇ콰-ㅁ 화이마이 크랍(카)

❻ ช่วยเรียกรถพยาบาลให้หน่อยครับ(ค่ะ)
추어이리-악로ㄷ파야-바-ㄴ 하이너-이 크랍(카)

❼ เลือดไหลจากหัวเข่าครับ(ค่ะ)
르-언 라이 짜-ㄱ 후어카오 크랍(카)

❹ 긴급! 상황표현!

❶ 응급상황입니다!

❷ 120(구급차)으로 전화해주세요.

❸ 경찰을 불러 주세요!

❹ 도둑이다!

❺ 불이야!

❻ 도와주세요!

❼ 조심해요!

11. 사고상황의 대처

❶ ฉุกเฉิน/ด่วน
축츠ㅓ-ㄴ/두언

❷ ช่วยโทรเบอร์ 120 ครับ(ค่ะ)
추어이 토- 브ㅓ- 능 써-ㅇ 쑤-ㄴ 크랍(카)

❸ ช่วยเรียกตำรวจหน่อยครับ(ค่ะ)
추어이 리-악 땀루엇 너-이 크랍(카)

❹ ขโมย
카모-이

❺ ไฟไหม้
화이마이

❻ ช่วยด้วย
추어이두어이

❼ ระวัง
라왕

빠르게 찾고 쉽게 말하는 여행회화! 여러분의 여행을 보다 즐겁고 편안하게 만들어 드립니다!!

⑤ 병원 치료!

❶ 병원에 데려다 주세요.

❷ 구급차를 불러 주세요.

❸ 의사를 불러 주세요.

❹ 여기에 통증이 있습니다.

❺ 머리가 아픕니다.　　/　　열이 있습니다.

❻ 현기증이 납니다.　　/　　토할 것 같습니다.

❼ 설사를 합니다.

11. 사고상황의 대처

❶ ช่วยพาไปโรงพยาบาลหน่อยครับ(ค่ะ)

추어이파-빠이로-ㅇ파야-바-ㄴ 너-이 크랍(카)

❷ ช่วยเรียกรถพยาบาลให้หน่อยครับ(ค่ะ)

추어이리-악로ㄷ파야-바-ㄴ 하이너-이 크랍(카)

❸ ช่วยเรียกหมอให้หน่อยครับ(ค่ะ)

추어이 리-악 머- 하이 너-이 크랍(카)

❹ ปวดตรงนี้ครับ(ค่ะ)

뿌얻 뜨롱니- 크랍(카)

❺ ปวดหัวครับ(ค่ะ)/มีไข้ครับ(ค่ะ)

뿌얻후어 크랍(카)/미- 카이 크랍(카)

❻ เวียนหัวครับ(ค่ะ)/อยากจะอาเจียนครับ(ค่ะ)

위-안후어 크랍(카)/야-ㄱ짜아-찌-안크랍(카)

❼ ท้องเสียครับ(ค่ะ)

터-ㅇ씨-아 크랍(카)

❻ 약국의 처방!

❶ 이 처방대로 약 좀 조제해 주시겠어요?

❷ 감기약 좀 주십시오.

❸ 두통약을 좀 주세요.

❹ 소화제를 좀 주세요.

❺ 하루에 약을 몇 회나 복용합니까?

❻ 이 약을 하루 3번 식후에 드세요.

❼ 처방전 없이 이 약은 드실 수 없습니다.

11. 사고상황의 대처

❶ ช่วยจัดยาตามใบสั่งยานี้หน่อยครับ(ค่ะ)

추어이짜ㄷ야-따-ㅁ바이쌍야-니-너-이크랍(카)

❷ ขอยาแก้หวัดหน่อยครับ(ค่ะ)

커- 야-깨-와ㄷ 너-이 크랍(카)

❸ ขอยาแก้ปวดหัวหน่อยครับ(ค่ะ)

커- 야-깨-뿌얻후어 너-이 크랍(카)

❹ ขอยาย่อยอาหารหน่อยครับ(ค่ะ)

커- 야-여-이아-하-ㄴ 너-이 크랍(카)

❺ ทานวันละกี่ครั้งครับ(ค่ะ)

타-ㄴ 완라 끼-크랑 크랍(카)

❻ ทานยานี้วันละสามครั้งหลังอาหารครับ(ค่ะ)

타-ㄴ야-니- 완라싸-ㅁ크랑 랑아-하-ㄴ크랍(카)

❼ ถ้าไม่มีใบสั่งยา ซื้อยานี้ไม่ได้ครับ(ค่ะ)

타-마이미-바이쌍야- 쓰-야-니-마이다이크랍(카)

빠르게 찾고 쉽게 말하는 여행회화! 여러분의 여행을 보다 즐겁고 편안하게 만들어 드립니다!!

사고상황 관련 단어!

➲ 사고 관련 단어표현

경찰서	สถานีตำรวจ	싸타-니-땀루얻
경찰	ตำรวจ	땀루얻
경찰관	ตำรวจ	땀루얻
파출소	สถานีตำรวจ	싸타-니-땀루얻
여권	หนังสือเดินทาง	낭쓰-드ㅓ-ㄴ타-ㅇ
지갑	กระเป๋าสตางค์	끄라빠오싸따-ㅇ
현금	เงินสด	응으ㅓ-ㄴ쏟
귀금속	อัญมณี	안야마니-
분실증명서	หนังสือรับรองแจ้งความ	낭쓰-랍러-ㅇ째-ㅇ콰-ㅁ
발행증명	การรับรองออก	바이랍러-ㅇ어-ㄱ
재발행하다	ออกให้ใหม่	어-ㄱ하이마이
도둑	ขโมย	카모-이
도난	ถูกขโมย	투-ㄱ카모-이

11. 사고상황의 대처

강도	โจร	쪼-ㄴ
분실	ทำหาย	탐하-이
부상	บาดเจ็บ	바-ㄷ쩨ㅂ
화재	ไฟไหม้	화이마이
충돌사고	อุบัติเหตุรถชน	우받띠헤-ㄷ로ㄷ촌
피난	หนี	니-

● 병원 관련 단어표현

병원	โรงพยาบาล	로-ㅇ파야-바-ㄴ
의사	หมอ/แพทย์	머-/패-ㄷ
응급처치	ปฐมพยาบาล	빠톰파야-바-ㄴ
구급차	รถพยาบาล	로ㄷ파야-바-ㄴ
환자	คนไข้	콘카이
입원	เข้าโรงพยาบาล	
	카오로-ㅇ파야-바-ㄴ	

사고상황 관련 단어!

◐ 신체 부위별 명칭

몸	ร่างกาย	라-ㅇ까-이
머리	หัว/ศรีษะ	후어/씨-싸
코	จมูก	짜무-ㄱ
귀	หู	후-
입	ปาก	빠-ㄱ
손목	ข้อมือ	커-므-
팔	แขน	캐-ㄴ
발	เท้า	타오
다리	ขา	카-
가슴	อก	옥
등	หลัง	랑
허리	เอว	에-우
심장	หัวใจ	후어짜이
간장	ตับ	땁

11. 사고상황의 대처

◐ 치료 관련 단어표현

주사	ฉีดยา	치-ㄷ야-
수술	ผ่าตัด	파-따ㄷ
처방	สั่งยา	쌍야-
약	ยา	야-
체온	อุณหภูมิร่างกาย	운나하푸-ㅁ라-ㅇ까-이
열	ไข้	카이
맥박	การเต้นของหัวใจ	까-ㄴ때-ㄴ커-ㅇ후어짜이
혈압	ความดันโลหิต	콰-ㅁ단로-히ㄷ
진단서	ใบตรวจโรค	바이뜨루얻로-ㄱ
두통	ปวดหัว	뿌얻후어
현기증	เวียนหัว	위-안후어
기침	ไอ	아이

사고상황 관련 단어!

감기	หวัด	와 ㄷ
천식	โรคหืด	로-ㄱ흐-ㄷ
폐렴	ปอดอักเสบ	뻐-ㄷ악쌔-ㅂ
유행성 감기	หวัดติดเชื้อ	와ㄷ띠ㄷ츠어

● 약국 관련 단어표현

약국	ร้านขายยา	라-ㄴ카-이야-
처방전	ใบสั่งยา	바이상야-
탈지면	ฝ้าย	화-이
반창고	พลาสเตอร์	플라쓰뜨ㅓ-
머큐롬	ยาแดง	야-대-ㅇ
붕대	ผ้าพันแพล	파-판플래-
알약	ยาเม็ด	야-메ㄷ
아스피린	แอสไพริน	애쓰빠이린
감기약	ยาแก้หวัด	야-깨-와ㄷ
해열제	ยาลดไข้	야-로ㄷ카이

12. 귀국 준비!

❶ 귀국 준비!

이제 귀국을 준비할 때입니다. 먼저 짐을 잘 정리해 가방의 부피를 최대한으로 줄이며, 짐의 갯수도 줄이도록 합니다. 그리고 귀국에 필요한 서류들을 다시 한번 확인하고 따로 작은 가방에 넣어 잘 보관합니다. 귀국 때 잃어버리는 짐이 가장 많기 때문에 관리를 잘 하도록 합니다.

ⓐ **예약 재확인** : 귀국날짜가 정해지면 미리 항공편 좌석을 예약해야 하며, 예약을 이미 해두었을 경우는 출발 예정일의 3일 전에 재확인을 해야 합니다. 항공사에 전화해서 이름, 편명, 행선지를 말하고 자신의 연락 전화번호를 남기도록 합니다. 성수기 때에는 자칫 재확인을 안해서 당일날 좌석을 구하지 못하는 일이 종종 있습니다.

빠르게 찾고 쉽게 말하는 여행회화! 여러분의 여행을 보다 즐겁고 편안하게 만들어 드립니다!!

귀국 준비는 이렇게!

ⓑ **수하물의 정리** : 출발하기 전에 맡길 짐과 기내에 가지고 들어갈 짐을 나누어 꾸리고 토산품과 현지에서 구입한 물건의 품명과 금액을 리스트에 기재해 둡니다. 물건의 파손이 우려되는 제품은 가급적 직접 운반하는 것이 좋으며, 부피가 클 경우는 짐에 '주의! 파손위험'이라는 스티커를 보딩패스 할 때 붙여달라고 요구합니다. 그리고 현지에서 구입한 면세물품 관련 서류를 반드시 챙겨 물건을 꼭 받아 나오도록 합니다.

ⓒ **출국절차** : 최소한 출발 2시간 전까지는 공항에 미리 도착해 체크인을 하십시오. 9.11테러 이후 수하물 검사가 매우 철저하게 진행되기 때문에 상당 시간이 소요됩니다. 기내휴대 수하물 외의 짐은 탁송합니다. 화물은 항공기 탑재 중량을 먼저 주의하여야 하며, 초과 중량에 대해서는 1kg당 운임료를 따로 지불해야 합니다. 적지 않은 비용이기 때문에 반드시 미리 체크하도록 합니다.

출국절차는 자신이 이용할 해당 항공사 데스크로 가서 여권, 출입국카드(입국시에 여권에 붙여놓았던 것), 항공권을 제시하고 태국 출국세 250B를 지불하면 계원이 출국 카드를 떼고 비행기의 탑승권을 줍니다. 탑승권에는 좌석번호는 물론 탑승구 번호와 탑승 시간까지 기록되어 있습니다. 이렇게 탑승을 위한 절차를 마치고 난 후 다음은 보안검색과 기내휴대 수하물의 X선검사를 받습니다. 출국장 안으로 들어가게 되면 먼저 탑승권에 표시된 탑승 게이트로 가서 대기를 하거나 면세품코너를 들러 남은 시간을 보냅니다. 아직 선물을 준비하지 못했다면 이곳에서 사는 것이 좋습니다. 귀국할 때는 인천공항의 면세점을 이용할 수 없습니다.

12. 귀국 준비!

❷ 한국 도착!

한국에 도착한 후 입국절차는 ⓐ 입국신고서(세관신고서) 작성, ⓑ 검역, ⓒ 입국심사, ⓓ 세관검사의 순으로 진행됩니다. 입국신고서는 미리 준비해 둡니다. (출국신고서 작성시에 준비했던 것) 입국절차는 출국절차의 역순, **Q - I - C** (**Quarantine, Immigration, Customs**)입니다.

ⓐ 검역 : 비행기에서 내리면 맨 먼저 검역 부스가 있습니다. 미국, 유럽 등지에서 오는 여행객에 대해서는 검사가 없고. 주로 전염병이 보고된 지역의 여행객이 받습니다.

ⓑ 입국심사 : 내국인이라고 표시된 곳으로 가서 줄을 섭니다. 여권과 입국신고서를 제출하면 계원이 입국 카드를 떼어내고 여권에 입국 스탬프를 찍어 주면 끝입니다.

ⓒ 세관 : 세관신고는 자진 신고제를 운영하고 있습니다. 세관 검사에 필요한 서류는 여권과 세관신고서입니다. 신고할 물품이 있으면 여기에 기재를 합니다만 면세품의 경우는 구두로 신고해도 됩니다. 과세 대상품에 대해서는 세관원이 세액을 산출하여 지불용지를 작성해 줍니다. 지불할 돈이 모자라거나 없을 땐 일단 과세 대상품을 세관에 예치하고 나중에 찾아 가도록 합니다. 현재 술, 담배, 향수 이외의 물건은 해외 취득 가격 합계 400달러까지 면세됩니다. 특별히 신고할 물건이 없으면 녹색심사대를 통해 우선 통과가 가능하지만 만약 미기재된 물품이나 신고한 금액을 초과한 물품에 대해서는 별도의 관세가 부과되며, 반입금지 물품(마약류, 총기류 등)에 대해서는 형사처벌을 받게 됩니다. 그리고 남의 짐을 잠시 맡아 주는 등의 도움이 자칫 밀수, 불법반입으로 악용되는 경우가 있기 때문에 특히 주의가 필요합니다.

빠르게 찾고 쉽게 말하는 여행회화! 여러분의 여행을 보다 즐겁고 편안하게 만들어 드립니다!!

① 예약확인!

❶ 예약 재확인을 하고 싶은데요.

❷ 서울에서 예약했습니다.

❸ 6월10일의 KAL30편입니다.

❹ 이름은 홍길동입니다.

❺ 예약을 변경하고 싶습니다.

❻ 다른 회사 항공편은 없습니까?

❼ 이 예약을 취소해 주십시오.

12. 귀국 준비!

❶ ขอคอนเฟิร์มตั๋วหน่อยครับ(ค่ะ)
커- 커-ㄴ휘-ㅁ 뚜어 너-이 크랍(카)

❷ จองที่โซลแล้วครับ(ค่ะ)
쩌-ㅇ 티-쏘-ㄴ 래-우크랍(카)

❸ เที่ยวบิน KAL30 วันที่ 10 เดือนมิถุนายนครับ(ค่ะ)
티여우빈카-ㄹ싸-ㅁ쑨 완티-씹드-언미투나-욘크랍(카)

❹ ผม(ดิฉัน)ชื่อฮงคิลดงครับ(ค่ะ)
폼(디찬) 츠- 홍길동 크랍(카)

❺ ขอเปลี่ยนแปลงการจองที่นั่งหน่อยครับ(ค่ะ)
커-쁠리-얀쁠래-ㅇ 까-ㄴ쩌-ㅇ 티-낭너-이크랍(카)

❻ มีสายการบินอื่นไหมครับ(ค่ะ)
미- 싸-이까-ㄴ빈으-ㄴ 마이 크랍(카)

❼ ขอยกเลิกการจองที่นั่งครับ(ค่ะ)
커- 욕륵-ㄱ 까-ㄴ쩌-ㅇ 티-낭 크랍(카)

빠르게 찾고 쉽게 말하는 여행회화! 여러분의 여행을 보다 즐겁고 편안하게 만들어 드립니다!!

❷ 귀국시 공항에서!

❶ 이 짐들을 대한항공 카운터로 옮겨주십시오.

❷ 탑승수속은 어디서 합니까?

❸ 통로쪽 자리로 해 주십시오.

❹ 탑승개시는 몇 시입니까?

❺ 게이트 번호를 가르쳐 주십시오.

❻ 수하물 검사는 어디서 합니까?

❼ 6번 게이트는 어디입니까?

12. 귀국 준비!

❶ ช่วยขนของนี้ไปที่เคาน์เตอร์สายการบินเกาหลีนะครับ(ค่ะ)

추어이 콘 커-ㅇ니- 빠이 티- 카운뜨ㅓ- 싸-이
까-ㄴ빈 까올리- 나 크랍(카)

❷ เช็คอินที่ไหนครับ(คะ)

첵인 티-나이 크랍(카)

❸ ขอที่นั่งติดทางเดินหน่อยครับ(ค่ะ)

커- 티-낭 띠드타-ㅇ드ㅓ-ㄴ 너-이 크랍(카)

❹ เริ่มให้ขึ้นเครื่องกี่โมงครับ(คะ)

르ㅓ-ㅁ 하이 큰 크르엉 끼- 모-ㅇ 크랍(카)

❺ ช่วยบอกประตูทางเข้าด้วยครับ(ค่ะ)

추어이버-ㄱ 쁘라뚜-타-ㅇ 카오두어이 크랍(카)

❻ ตรวจสัมภาระที่ไหนครับ(คะ)

뜨루얻 쌈파-라 티-나이 크랍(카)

❼ ประตู 6 อยู่ที่ไหนครับ(คะ)

쁘라뚜-혹 유- 티-나이 크랍(카)

빠르게 찾고 쉽게 말하는 여행회화! 여러분의 여행을 보다 즐겁고 편안하게 만들어 드립니다!!

특별부록
비지니스
태국어회화

해외 출장을 떠나시는 독자 여러분들을 위한 필수 비지니스 태국어 회화를 특별 부록편으로 모아 정리했습니다. 간단한 인사말에서부터 상담, 계약, 주문에 이르기까지 꼭 필요한 필수 문장들을 중심으로 소개해 드립니다. 독자 여러분의 '성공 비지니스'를 기원합니다.

❶ 초면의 인사법!

비지니스에 있어서 첫 만남은 무엇보다도 중요합니다. 상대에게 좋은 인상을 줄 수 있도록 첫 인사말을 준비해 봅니다. 상대와의 첫 인사! 무엇보다도 여러분의 밝은 미소와 자신감을 함께 전하십시오.!

'สวัสดีครับ(ค่ะ)' (싸와ㄷ디- 크랍(카))는 처음 만났을 때 나눌 수 있는 인사로서 '안녕하세요.'라는 뜻입니다.

특별 부록 비지니스 회화!

비지니스

태국인과의 비지니스!

상대방이 이렇게 말했을 때에는
'**ยินดีที่ได้พบครับ(ค่ะ)**' (인디- 티- 다이 폽 크랍(카))
라고 대답함으로써 반가움을 표현하시면 되겠습니다.

❷ 다양한 인사법!

서로 만나 인사라도 나눈 적이 있거나, 이미 아는 사이라면 인사법이 좀 더 편해집니다. 그래서
'**ไม่ได้พบกันตั้งนานแล้วครับ(ค่ะ)**' (오랜만입니다. : 마이 다이 폽 깐 땅 나-ㄴ래-우 크랍(카)),
'**เป็นอย่างไรบ้างครับ**' (어떻게 지내십니까? : 뻬ㄴ 야-ㅇ라이 바-ㅇ 크랍(카))라고 인사하며,
'**ผม(ดิฉัน)ก็สบายดีครับ(ค่ะ)**' (저도 잘 지내고 있어요. : 폼(디찬)꺼 싸바-이디- 크랍(카))라고 대답합니다.
그외의 인사법으로 약속 시간에 늦었을 때에는
'**ขอโทษที่มาช้า(สาย)ครับ(ค่ะ)**' (늦어서 죄송합니다. : 커-토-ㄷ 티-마 차-(싸-이) 크랍(카))라고 하며,
헤어질 때는 '**สวัสดีครับ(ค่ะ)**' (안녕히 계세요/가세요. : 싸와ㄷ디- 크랍(카))라고 말합니다.

기본 회화에서 계약 성공까지!
비지니스 회화!

❶ 누구를 찾으세요?

---

❷ 김사장님과 만나기로 약속했습니다.

---

❸ 그와 상의할 문제가 좀 있어서요.

---

❹ 그는 오늘 쉬는 날입니다.

---

❺ 홍길동 씨는 지금 회의 중입니다.

---

❻ 손님이 오셨습니다.

---

❼ 오래 기다리게 해서 죄송합니다.

특별 부록 비지니스 회화!

❶ 방문객을 맞을 때!

❶ มาพบใครครับ(คะ)
마- 폽 크라이 크랍(카)

❷ มีนัดกับคุณคิมครับ(ค่ะ)
미- 낟 깝 쿤김 크랍(카)

❸ มีเรื่องปรึกษากับเขาครับ(ค่ะ)
미- 르-엉 쁘륵싸- 깝 카오 크랍(카)

❹ วันนี้เขาหยุดงานครับ(ค่ะ)
완니- 카오 유ㄷ 응아-ㄴ 크랍(카)

❺ คุณฮงคิลดงกำลังประชุมอยู่ครับ(ค่ะ)
쿤 홍길동 깜랑 쁘라춤 유- 크랍(카)

❻ มีแขกมาพบครับ(ค่ะ)
미- 캐-ㄱ 마- 폽 크랍(카)

❼ ขอโทษที่ทำให้รอนานครับ(ค่ะ)
커-토-ㄷ 티- 탐하이 러- 나-ㄴ 크랍(카)

빠르고 쉽게 말하는 여행회화! 여러분의 여행을 보다 즐겁고 편안하게 만들어 드립니다!!

기본 회화에서 계약 성공까지!
비지니스 회화!

❶ 뵙게되어 반갑습니다.

---

❷ 우리 회사에 오신 것을 환영합니다.

---

❸ 저는 이 회사의 대표이사, 이민수입니다.

---

❹ 제 명함입니다.

---

❺ 이쪽으로 오시겠습니까?

---

❻ 사업 근황이 어떻습니까?

특별 부록 비지니스 회화!

❷ 인사할 때!

❶ ยินดีที่ได้พบกันครับ(ค่ะ)
인디- 티- 다이 폽 깐 크랍(카)

---

❷ ยินดีต้อนรับสู่บริษัทของเราครับ(ค่ะ)
인디-떠-ㄴ랍쑤- 버-리싸ㄷ커-ㅇ라오 크랍(카)

---

❸ ผม(ดิฉัน)ลีมินซูเป็นประธานบริษัทครับ(ค่ะ)
폼(디찬)리민수뻬ㄴ쁘라타-ㄴ버-리싸ㄷ크랍(카)

---

❹ นี่นามบัตรผม(ดิฉัน)ครับ(ค่ะ)
니- 나-ㅁ받 폼(디찬) 크랍(카)

---

❺ เชิญทางนี้ครับ(คะ)
츠ㅓ-ㄴ타-ㅇ니- 크랍(카)

---

❻ หมู่นี้กิจการเป็นอย่างไรบ้างครับ(คะ)
무-니-끼ㄷ짜까-ㄴ뻬ㄴ야-ㅇ라이바-ㅇ 크랍(카)

빠르게 찾고 쉽게 말하는 여행회화! 여러분의 여행을 보다 즐겁고 편안하게 만들어 드립니다!!

기본 회화에서 계약 성공까지!
비지니스 회화!

❶ 저희 회사는 2000년에 설립되었습니다.

---

❷ 지점은 몇 개나 됩니까?

---

❸ 귀사의 주요 상품은 무엇입니까?

---

❹ 국제인증을 가지고 있습니까?

---

❺ 귀사의 마케팅전략이 무엇입니까?

---

❻ 지난해 귀사의 시장 점유율은 어땠나요?

특별 부록 비지니스 회화!

비지니스

❸ 회사를 소개할 때!

❶ บริษัทเราตั้งขึ้นในปี 2000ครับ(ค่ะ)

버-리싸ㄷ라오땅큰나이삐-써-ㅇ 판크랍(카)

❷ มีสาขากี่แห่งครับ(คะ)

미- 싸-카- 끼-해-ㅇ 크랍(카)

❸ บริษัทของคุณผลิตอะไรครับ(คะ)

버-리싸ㄷ 커-ㅇ쿤팔리ㄷ아라이 크랍(카)

❹ มีใบอนุญาตการพาณิชย์นานาชาติหรือเปล่า ครับ(คะ)

미-바이아누야-ㄷ까-ㄴ파-니ㄷ나-나-차-ㄷ르-쁠라오크랍(카)

❺ บริษัทคุณมีแผนการตลาดอะไรบ้างครับ(คะ)

버-리싸ㄷ쿤 미-패-ㄴ까-ㄴ딸라-ㄷ아라이바-ㅇ 크랍(카)

❻ ปีที่แล้วอัตราการวางตลาดสินค้าบริษัทคุณเป็นอย่างไรบ้างครับ(คะ)

삐-티-래-우 아ㄷ뜨라- 까-ㄴ와-ㅇ 딸라-ㄷ 씬카- 버-리싸ㄷ쿤 뻰야-ㅇ라이바-ㅇ 크랍(카)

기본 회화에서 계약 성공까지!
비지니스 회화!

❶ 교환번호 305번 대주시겠어요?

❷ 그는 지금 통화중입니다.

❸ 잠시만 기다려 주십시오.

❹ 그는 지금 자리에 안 계신데요.

❺ 5분 후에 다시 전화해주시겠어요?

❻ 홍길동씨와 어떻게 연락할 수 있을까요?

❼ 제게 전화해 주었으면 한다고 그에게 전해 주십시오.

특별 부록 비지니스 회화!

❹ 전화 통화시에!

❶ ช่วยต่อเบอร์ 305 ให้หน่อยครับ(ค่ะ)
추어이떠-브ㅓ-싸-ㅁ쑤-ㄴ하-하이너-이크랍(카)

❷ เขากำลังใช้สายอยู่ครับ(ค่ะ)
카오 깜랑차이 싸-이 유- 크랍(카)

❸ รอสักครู่นะครับ(ค่ะ)
러- 싹크루- 나 크랍(카)

❹ เขาไม่อยู่ครับ(คะ)
카오 마이유- 크랍(카)

❺ อีกห้านาทีโทรมาใหม่ได้ไหมครับ(คะ)
이-ㄱ하-나-티- 토-마-마이 다이마이 크랍(카)

❻ จะติดต่อกับคุณฮงคิลดงได้อย่างไรครับ(คะ)
짜띠ㄷ떠-깝 쿤홍길동 다이 야-ㅇ라이 크랍(카)

❼ ช่วยบอกให้โทรกลับหาผม(ดิฉัน)หน่อย ครับ(คะ)
추어이버-ㄱ하이토-끌랍하-폼(디찬)너-이크랍(카)

빠르게 찾고 쉽게 말하는 여행회화! 여러분의 여행을 보다 즐겁고 편안하게 만들어 드립니다!!

기본 회화에서 계약 성공까지!
비지니스 회화!

❶ 귀사의 신제품을 보여주실 수 있습니까?

---

❷ 어떻게 작동하는지 보여 드리겠습니다.

---

❸ 1개 가격은 얼마입니까?

---

❹ 개당 10 달러입니다.

---

❺ 가격은 주문 수량에 의해 결정됩니다.

---

❻ 이것이 최저가격인가요?

---

❼ 지불조건은 어떻습니까?

특별 부록 비즈니스 회화!

비즈니스

❺ 상담할 때!

❶ ขอดูสินค้าใหม่ได้ไหมครับ(คะ)

커- 두- 씬카-마이 다이 마이 크랍(카)

---

❷ จะให้ดูเครื่องนี้ว่าทำงานอย่างไรนะครับ(ค่ะ)

짜하이두-크르엉니-와- 탐응아-ㄴ야-ㅇ라이크랍(카)

---

❸ ตัวละเท่าไรครับ(คะ)

뚜어라 타오라이 크랍(카)

---

❹ ตัวละสิบดอลล่าครับ(ค่ะ)

뚜어라 씹 더-ㄴ라-크랍(카)

---

❺ ราคาจะขึ้นอยู่กับปริมาณการสั่งซื้อนะ ครับ(ค่ะ)

라-카-짜큰유-깝쁘리-마-ㄴ까-ㄴ쌍쓰-나크랍(카)

---

❻ นี่ราคาต่ำที่สุดแล้วหรือครับ(คะ)

니- 라-카-땀티-쑤ㄷ래-우 르-크랍(카)

---

❼ เงื่อนไขการชำระเงินเป็นอย่างไรครับ(คะ)

응으언카이까-ㄴ참라응으ㅓ-ㄴ뻬ㄴ야-ㅇ라이크랍(카)

기본 회화에서 계약 성공까지!
비지니스 회화!

❶ 최신 제품의 샘플을 보여 드리겠습니다.

---

❷ 그 제품의 재고가 있습니까?

---

❸ 귀사의 제품을 주문하고 싶습니다.

---

❹ 얼마나 주문하실 겁니까?

---

❺ 주문을 변경하고 싶습니다.

---

❻ 계약서를 작성합시다.

---

❼ 언제 대금을 송금해 주실 건가요?

특별 부록 비지니스 회화!

❻ 계약, 주문할 때!

❶ จะให้ดูตัวอย่างของสินค้าใหม่ล่าสุดครับ(ค่ะ)
짜하이두-뚜어야-ㅇ커-ㅇ씬카-마이 라-쑤드크랍(카)

---

❷ สินค้านั้นมีสต๊อคไหมครับ(คะ)
씬카- 난 미- 쓰떠-ㄱ 마이 크랍(카)

---

❸ อยากจะสั่งซื้อสินค้าของบริษัทคุณครับ(ค่ะ)
야-ㄱ짜쌍쓰- 씬카-커-ㅇ버-리싸ㄷ쿤 크랍(카)

---

❹ สั่งจำนวนเท่าไรครับ(คะ)
쌍 짬누언 타오라이 크랍(카)

---

❺ อยากเปลี่ยนแปลงการสั่งของครับ(ค่ะ)
야-ㄱ쁠리-안쁠래-ㅇ 까-ㄴ쌍커-ㅇ 크랍(카)

---

❻ ทำสัญญากันเถอะครับ(ค่ะ)
탐 싼야-깐트ㅓ 크랍(카)

---

❼ จะชำระเงินเมื่อไรครับ(คะ)
짜 참라 응으ㅓ-ㄴ므어라이 크랍(카)

빠르게 찾고 쉽게 말하는 여행회화! 여러분의 여행을 보다 즐겁고 편안하게 만들어 드립니다!!

부록 필수 단어사전!

부록 : 필수 단어사전!

꼭! 꼭! 꼭! 필요한 단어들을 내용별로 정리한 사전입니다!

● 숫자세기

1	หนึ่ง	능
2	สอง	써-ㅇ
3	สาม	싸-ㅁ
4	สี่	씨-
5	ห้า	하-
6	หก	혹
7	เจ็ด	쩨ㄷ

부록 필수 단어 사전!

8	แปด	빼-ㄷ
9	เก้า	까오
10	สิบ	씹
20	ยี่สิบ	이-씹
30	สามสิบ	싸-ㅁ씹
40	สี่สิบ	씨-씹
50	ห้าสิบ	하-씹
60	หกสิบ	혹씹
70	เจ็ดสิบ	쩨ㄷ씹
80	แปดสิบ	빼-ㄷ씹
90	เก้าสิบ	까오씹
100	ร้อย	러-이
1,000	พัน	판
10,000	หมื่น	므-ㄴ
100,000	แสน	쌔-ㄴ

빠르게 찾고 쉽게 말하는 여행회화! 여러분의 여행을 보다 즐겁고 편안하게 만들어 드립니다!!

Basic Thai Dictionary

◎ 시간

1시	หนึ่งโมง	능모-ㅇ
2시	สองโมง	써-ㅇ모-ㅇ
3시	สามโมง	싸-ㅁ모-ㅇ
4시	สี่โมง	씨-모-ㅇ
5시	ห้าโมง	하-모-ㅇ
6시	หกโมง	혹모-ㅇ
7시	เจ็ดโมง	쩨ㄷ모-ㅇ
10시	สิบโมง	씹모-ㅇ
11시	สิบเอ็ดโมง	씹에ㄷ모-ㅇ
12시	เที่ยง	티-앙
5분	ห้านาที	하-나-티-
15분	สิบห้านาที	씹하-나-티-
30분	สามสิบนาที	싸-ㅁ씹나-티-
40분	สี่สิบนาที	씨-십나-티-

부록 필수 단어 사전!

● 시간표현

아침	ตอนเช้า	떠-ㄴ차오
점심	ตอนกลางวัน	떠-ㄴ 끌라-ㅇ 완
저녁	ตอนเย็น	떠-ㄴ 옌
밤	กลางคืน	끌라-ㅇ 크-ㄴ
오늘	วันนี้	완니-
내일	พรุ่งนี้	프룽니-
모레	มะรืนนี้	마르-ㄴ니-
어제	เมื่อวานนี้	므-어와-ㄴ니-
그저께	เมื่อวานซืน	므-어와-ㄴ쓰-ㄴ
매일	ทุกวัน	툭완
오전	ช่วงเช้า	추엉차오
오후	ช่วงบ่าย	추엉바-이

빠르게 찾고 쉽게 말하는 여행회화! 여러분의 여행을 보다 즐겁고 편안하게 만들어 드립니다!!

Basic Thai Dictionary

● 요일(曜日)

일요일	วันอาทิตย์	완아-티ㄷ
월요일	วันจันทร์	완짠
화요일	วันอังคาร	완앙카-ㄴ
수요일	วันพุธ	완푿
목요일	วันพฤหัสบดี	완파르핟싸버디-
금요일	วันศุกร์	완쑥
토요일	วันเสาร์	완싸오
이번주	อาทิตย์นี้	아 티ㄷ니-
다음주	อาทิตย์หน้า	아 티ㄷ나-
지난주	อาทิตย์ที่แล้ว	아 티ㄷ티-래-우
매주	ทุกอาทิตย์	툭아 티ㄷ
평일	วันธรรมดา	완탐마다-
주말	วันสุดสัปดาห์	완쑫쌉다-

부록 필수 단어 사전!

◐ 월(月)

1월	มกราคม	목까라-콤
2월	กุมภาพันธ์	꿈파-판
3월	มีนาคม	미-나-콤
4월	เมษายน	메-싸-욘
5월	พฤษภาคม	프르싸파-콤
6월	มิถุนายน	미투나-욘
7월	กรกฎาคม	까라까다-콤
8월	สิงหาคม	씽하-콤
9월	กันยายน	깐야-욘
10월	ตุลาคม	뚤라-콤
11월	พฤศจิกายน	프르싸지까-욘
12월	ธันวาคม	탄와-콤
매월	ทุกเดือน	툭드-언
월말	สิ้นเดือน	씬드-언

빠르게 찾고 쉽게 말하는 여행회화! 여러분의 여행을 보다 즐겁고 편안하게 만들어 드립니다!!

Basic Thai Dictionary

● 사람 · 가족

남자	ผู้ชาย	푸-차-이
여자	ผู้หญิง	푸-잉
아기	ทารก	타-록
어린이	เด็ก	덱
아버지	พ่อ	퍼-
어머니	แม่	매-
부모	พ่อแม่	퍼-매-
아들	ลูกชาย	루-ㄱ차-이
딸	ลูกสาว	루-ㄱ싸-우
남편	สามี	싸-미
아내	ภรรยา	판야-/판라야-
형제	พี่น้อง	피-너-ㅇ
자매	พี่น้อง	피-너-ㅇ
형	พี่ชาย	피-차이
누나	พี่สาว	피-싸-우

부록 필수 단어 사전!

🧭 단어사전

● 나라/국민/언어

한국	ประเทศเกาหลี	쁘라테-ㄷ까올리-
한국인	คนเกาหลี	콘까올리-
한국어	ภาษาเกาหลี	파-싸-까올리-
중국	ประเทศจีน	쁘라테-ㄷ찌-ㄴ
중국인	คนจีน	콘찌-ㄴ
중국어	ภาษาจีน	파-싸-찌-ㄴ
일본	ประเทศญี่ปุ่น	쁘라테-ㄷ이-뿐
일본인	คนญี่ปุ่น	콘이-뿐
일본어	ภาษาญี่ปุ่น	파-싸-이뿐
미국	ประเทศสหรัฐอเมริกา	쁘라테-ㄷ싸하라ㄷ아메-리까-
미국인	คนอเมริกา	콘아메리까-
영국	ประเทศอังกฤษ	쁘라테-ㄷ앙끄리ㄷ
영국인	คนอังกฤษ	콘앙끄리ㄷ
영어	ภาษาอังกฤษ	파-싸-앙끄리ㄷ

빠르게 찾고 쉽게 말하는 여행회화! 여러분의 여행을 보다 즐겁고 편안하게 만들어 드립니다!!

Step by step!

1 목적지 공항도착!
목적지 공항에 도착하면 짐을 잘 챙겨서 내립니다. 입국심사서는 미리 준비하세요!

Step 1

2 도착 출구통과!
'Arrival' 이라고 써있는 출구를 찾아 통과합니다.

Step 2

✚ 잠깐만요!
여권! 입국심사서! 항공권! 수하물표!를 잘 챙겨서 나가십시오!